# 错，并非因为难

CUO，BINGFEI YINWEI NAN

胡占相 ———— 编著

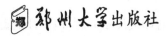

郑州大学出版社

**图书在版编目(CIP)数据**

错,并非因为难 / 胡占相编著. —郑州:郑州大学
出版社, 2019.6
ISBN 978-7-5645-6388-2

I. ①错… Ⅱ. ①胡… Ⅲ. ①中学物理课－高中－教
学参考资料 Ⅳ. ①G634.73

中国版本图书馆 CIP 数据核字(2019)第 102782 号

郑州大学出版社出版发行
郑州市大学路40号
出版人:张功员　　　　　　　　邮政编码:450052
全国新华书店经销　　　　　　　发行部电话:0371－66966070
河南承创印务有限公司印制
开本:710 mm×1 010 mm　　 1/16
印张:10
字数:203 千字
版次:2019 年6月第1版　　　　印次:2019 年6月第1次印刷
书号:ISBN 978-7-5645-6388-2　　定价:36.00 元

# 序

PREFACE

　　胡占相老师是一位优秀的教师,他从事高中物理教学将近三十年,治学精到,成绩显著,其探求之勤,思考之深,业务之精,教法之活,堪称一流。

　　他平日深居简出,教学之余便闭门钻研,或书海或网络,凡有益于教学者,一一精研,不肯轻弃;期间有所得,辄记诸纸端,反复斟酌,融会贯通,然后用于教学。数十年来,常见他深夜挑灯,笔耕不辍。其勤于治学,以此可知。

　　他善于思考,常站在育人的高度审视教学问题。他认为,好的课堂首先须让学生快乐,教学效果离不开学生的生活经验,学生有所得的课堂才是有效课堂。他说,就算学生没能学会牛顿运动定律,只要他立志做牛顿那样的人,这也是物理课堂的成功。他还说,教师总需要一点哲学的思考,不然很容易被所谓的模式牵着走。他的这些看法无不与当今"立德树人"的要求暗合,可见他思考之深。

　　他常为青年教师释疑。在教研活动中,大家因某个物理学问题争论不休,最后能够总结精要的总是他。学生在课余时喜欢问他一些冷僻的问题,他也总能即时解答,让学生叹服。之所以能够如此,是因为他专业知识广博,在物理学领域几乎无所不知。

　　他上课从容自然,看似随意而为、毫无章法,却常在问题关键处紧抓不放,直击学生思维误区,或演示,或推理,或举例,或让学生读教材,或鼓励学生动手做……总能事半功倍,让学生茅塞顿开。他也因教法灵活,深得学生喜爱。

　　书如其人。读胡老师的《错,并非因为难》一书,似乎就坐在他的课堂上,看他举重若轻地解决问题。由小及大,引领学生走向高处。

　　学生所犯的错误往往在一些细小处。本书正是抓住了这些"小",极力"小题大做":深入分析错因,适时点拨方法,因势阐释理论,一步一步让学生知其然,并知其所以然。例如对于"力"这一物理概念，学生听课时觉得容易，但在具体问题中，遇到手提水桶、掌压桌面、人推车、机车拉厢体等问题时，学生还是觉得毫无头绪，难以分析。其实，手、掌、人、机车和水桶、桌面、车、厢体均可概括为"物体"，动词"提、压、推、拉"都可抽象概括为"作用"，这样就很容易建立"力是物体对物体的作用"这一物理概念。再如匀变速直线运动的规律，初学者觉得不可思议，因为在实际生活中，我们难以见到做匀变速直线运动的物体。书中通过分析概念中关键字眼"匀"和"变速"的含义，从而建立一种运动的理想化模型，然后把诸如汽车出站、进站这种常见的实际情形转化为物理问题，学生就会恍然大悟。对于学生做题时出现的方法上的错误，本书通过"错解分析"和"自我分析"两个模块给予明确的指导并进行强化，这样学生就能够在理解原理的基础上灵活选用平均思想方法、极限思维方法、等效转换法、猜想与假设法、整体法与隔离法、临界问题分析法、对称法、图解法、数形结合法、函数法等来解决物理问题。

《错，并非因为难》这本书把概念理解、理想化模型的建立和物理学基本思想方法的阐释贯通于错解分析过程中，小处着手，大处着眼，非常符合学生的思维特点，有利于学生从根源上理解物理知识，进而学会物理。

在书稿付梓之际，我对作者及其著作作此简介，以之为序。

静宁县威戎中学校长、中学物理正高级教师

胡志鹏

2019 年 6 月

# 前言

PREFACE

物理教学实践表明,导致高中生做物理题出错的原因有很多种,但大多数情况下不一定是因为问题太难,而是其他原因,比如,概念规律理解不透彻,读题审题不细心,科学思维不严密,建立模型不具体,条件把握不明确,等等。针对大多数学生在做物理题时所犯的各种各样的错误,教师给予的相应补救措施可以说层出不穷,但不一定都有效。仔细想想,其实不论哪种措施或者方法从本质上来说都是可行的,并无优劣之分,关键是是否适合学生自己。同一个物理问题,在不同的学生身上出错的原因不尽相同,这就要求教师要"对症下药",给予补救措施,目的都是为了提高学生的解题效率和思维能力。相比之下,当前很多专家学者都提出物理学科的"核心素养"问题,其核心是分析问题的过程,也是一个体现"学科素养"的过程,是对"第二过程"的暴露。那么,什么是"第一过程"?"第一过程"是指学生对问题已知的挖掘、思路的探求、方法的提炼、过程的书写等行为,而事实上,解题过程仅仅进行到思路打通阶段的解题活动并没有结束,更自觉的解题研究实际上才刚刚开始。与形成一个完整的解题过程相比,初步解法的生成,仅仅只是一种初级结果,它已经整理了当初曲折的思维过程,隐去了直觉的成分。但是,我们还应看到,解题的思维过程仍然停留在套用知识或结论的过程中,仍然是解题者需要不懈努力,有效思考的真实过程,而且还需要进一步深层探求问题的"第二过程"。

那么,何谓"第二过程"?它是相对"第一过程"而言的。笔者认为"第二过程"就是倡导解题过程的"自我分析",就是要在发现结论、思路探求的基础上,继续反思在解题的思维过程中知识是否完善、思维是否科学、方法是否更合理,如果出错,错在何处。由此,笔者把学生解题的过程由传统的三步拓展为四步,即由简单模仿、变式练习、自发领悟拓展为简单模仿、变式练习、自发领悟和自我分析。而"自我分析"

就是对解题过程进行的自我反思,让学生从课堂上的"模仿、练习、领悟"进入到课后的深层活动中去,这是一个从自发到自觉、从被动到主动、从感性到理性、从基础到创新、从内隐到外显的飞跃阶段。这四个阶段与学生学习的一般过程是相吻合的,而且笔者认为,解题过程中的"自我分析"是解题过程中更高级的思维活动,因而,它更符合生活中"钥匙原理",不但要看是否找到了"钥匙",更要看"钥匙"是否适合你,这与物理学习的"学科素养"不谋而合。

由此可见,要想学生提高解题效率,必须要有适合自己的方法,怎样找,还需要自己平时的反思、总结和归纳,本书作者结合多年的教学经验,从高中物理的内容、方法、错解、错因以及正确的解题方法等几个方面入手,特别是题后的自我分析,为广大物理"学困生"打开走向物理殿堂的大门,同时希望成为广大物理教师教学的"帮手"。

胡占相

2019 年 1 月

# 目录

## CONTENTS

# 直线运动

## 主要核心内容

1. 深刻理解位移、路程、时间、时刻、平均速度、即时速度、线速度、角速度、加速度等基本概念。

2. 重点掌握匀变速直线运动的规律。

3. 学习中要注意理解位移与路程、速度与速率、时间与时刻、加速度与速度及速度变化量的不同。

## 基本思想方法

1. 数形结合：利用物理量间的函数关系图象，研究物体的运动规律的方法，这也是形象、直观地研究物理问题的一种基本方法。这些具体方法中所包含的思想，在整个物理学研究问题中都是经常用到的。因此，在学习过程中要特别注意加以体会。

2. 数理思想：数学与物理是紧密结合的，所谓"数理不分家"就是这个意思。所以，要学好物理，就必须先学好数学并且能够灵活运用，比如三角函数、正比例函数、反比例函数、二次函数、重要不等式等，是解决物理问题的利器。

3. 整体法和分段法：可以将物体的运动过程作为完整的过程处理，也可以分割为几个子过程去讨论。

## 典型错题分析

初学者常犯的错误主要表现在：

1. 对概念理解不深刻。如速度、速度的变化、速度变化的快慢、加速度等，特别是加速度与速度之间的关系，学生经常混淆不清。

2. 对正负号运用不正确。对位移、速度、加速度这些矢量运算过程中正、负号的使用出现混乱。

3. 物理情境不清晰。在对物体运动过程未做出准确判断之前，就乱套公式，甚至"死套公式"。

4. 运用数学工具解决物理问题时，未对相关字母赋予特定的物理意义，纯粹把物理问题当成数学问题。

▲例1　小汽车以 8 m/s 的速度行使，遇到紧急时突然刹车，如刹车过程是做匀变速运动，加速度大小为 5 m/s$^2$，则刹车后 2 s 内汽车所走的距离是多少？

【错解】　因为汽车刹车过程做匀减速直线运动，初速度 $v_0 = 8$ m/s，加速度 $a = 5$ m/s$^2$，据 $S = v_0 t - \frac{1}{2}at^2$，则位移 $S = 6$ m。

【错解分析】　对刹车问题中的"时间陷阱"和"位移陷阱"不明确。实际上，当速度减为 0 时，只需要 $t = 1.6$ s。

【正确解答】　解法一：如图 1-1 所示，假设经过时间 $t$ 速度减为 0。

根据匀减速直线运动速度公式 $v_1 = v_0 - at$，

则有 $0 = 8 - 5t$，解得 $t = 1.6$ s，

由于汽车在 1.6 s 时就停下来，所以有

$S = 6.4$ m。

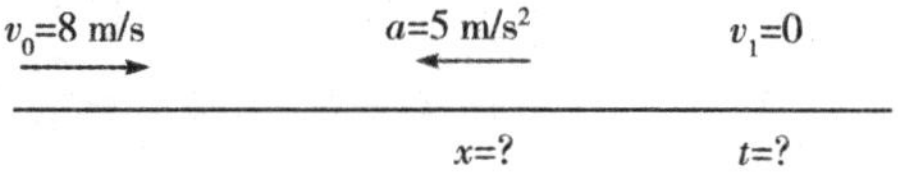

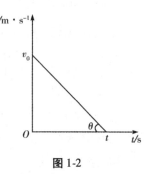

图 1-1

解法二：由于汽车刹车过程是匀减速直线运动，根据 $v_0$、$a$ 可作出 $v-t$ 图象，如图 1-2 所示。

其中 $\tan a = a = \frac{v_0}{t}$，其中 $t$ 为 $v = 0$ 对应的时刻。

即汽车停下来的时间为

$$t = \frac{v_0}{a} = 1.6 \text{ s}$$

由此可知，三角形 $v_0 Ot$ 所包围的面积为刹车 1.6 s 内的位移。

故 $s = \frac{1}{2}v_0 t = 6.4$ m。

图 1-2

【自我分析】　从新课程学习目标的三个维度"知识与技能 1. 学习物理学的基础知识，了解物质结构、相互作用和运动的一些基本概念和规律，了解物理学的基本观点和思想的"要求出发，"物体的运动观"是物理学科素养问题的特色。解决物体的运动问题不仅仅是简单的计算问题，而且是运用物理知识解决生活中的实际问题，当得出结果后，应思考结果是否与客观实际相符。例如本题中，若要求刹车后 1.6 s 后的位移，据 $S = v_0 t - \frac{1}{2}at^2$ 得到的结果是与实际不相符合的，这一点应当成为在运用物理规律解决实际问题时的出发点。

▲例2　如今,玩热气球已成为一种时尚,如果热气球以 20 m/s 的速度匀速竖直上升,从气球上掉下一个物体,经 10 s 到达地面,求物体刚脱离气球时气球的高度。( $g = 10$ m/s$^2$ )

【错解】　因为物体离开气球做自由落体运动。

根据 $h = \dfrac{1}{2}gt^2$ ,则有 $h = 500$ m。

所以,物体刚脱离气球时,气球的高度为 500 m。

【错解分析】　对隐含条件挖掘不彻底。对物体离开气球时具有向上的速度"视而不见",因而误认为物体做自由落体运动。实际上物体随气球匀速上升时,物体具有向上 10 m/s 的速度,所以当物体离开气球时,由于惯性,物体继续向上运动一段距离到达最高点后,才在重力的作用下做自由落体运动。

【正确解答】　整体法:可将物体的运动过程视为一个完整的匀变速直线运动过程。根据题意画出运动草图,如图 1-3 所示。

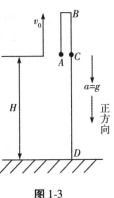

规定向下方向为正方向,则 $v_0 = -20$ m/s, $g = 10$ m/s$^2$ ,

根据 $h = v_0 t + \dfrac{1}{2}gt^2$ ,则有 $h = 300$ m。

分段法:如图 1-3 所示,将物体的运动过程分为 $A \rightarrow B$ 和 $B \rightarrow D$ 两段来处理,其中 $A \rightarrow B$ 为竖直上抛运动, $B \rightarrow D$ 为自由落体运动。

图 1-3

在 $A \rightarrow B$ 段,根据竖直上抛运动规律可知,此阶段运动时间为

$$t = \frac{v_0}{a} = 2 \text{ s}$$

则

$$h_{AB} = \frac{1}{2}gt^2 = 10 \text{ m}$$

在 $B \rightarrow D$ 段,根据自由落体运动规律

$$h = \frac{1}{2}gt^2 = 320 \text{ m}$$

所以 $h_{AD} = 300$ m。

图象法:根据题意作出物体脱离气球到落地这段时间的 $v - t$ 图象,如图 1-4 所示。

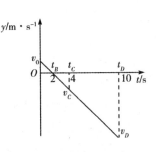

图 1-4

其中, $\triangle v_0 O t_B$ 的面积大小为 $A \rightarrow B$ 的位移; $\triangle t_B t_C v_C$ 的面积大小为 $B \rightarrow C$ 的位移;梯形 $t_C t_D v_D v_C$ 的面积大小为 $C \rightarrow D$ 的位移,即物体离开气球时距离地面的高度。

根据竖直上抛的规律,则有:$t_B = 2$ s,$t_C = 4$ s,$t_D = 10$ s。

在 $\triangle t_B v_D t_D$ 中,可求得 $v_C = 20$ m/s,$v_D = 80$ m/s。

梯形 $t_C t_D v_C v_D$ 的面积 $S = 300$ m。

当然本题还有其他解法,不再赘述。

【自我分析】 从新课程学习的三个维度"过程与方法 4. 参加一些科学实践活动,尝试经过思考发表自己的见解,尝试运用物理原理和研究方法解决一些与生产和生活相关的实际问题"出发,在尝试运用物理知识解决物理问题的过程中,画运动过程草图不仅是一种习惯,而且也是一种方法,这一点很重要。解题前应根据题意画出运动草图,草图上一定要有正方向的规定,否则矢量方程就没有意义,解题就会出现错误。同时,如果分析解答过程中不规定正方向,往往会出现由于正负号而产生的低级错误。其实竖直上抛运动和自由落体运动是一对"孪生兄弟",既有运动性质的不同之处,又有加速度相等的相同之处,运用时只需要注意以下 3 点:

(1)全过程处理:匀减速直线运动,以向上为正方向,加速度取负值;

(2)分段处理:向上为竖直上抛运动,向下为自由落体运动;

(3)上升与下落过程具有对称性,如物体在经过同一点时速度对称、时间对称、位移对称等。

▲例3 汽车的制动性能是汽车技术参数的重要指标之一。假如汽车 $A$ 以速度 36 km/h 在平直公路上行驶时,制动后 40 s 恰好停下来。那么当汽车 $A$ 在平直公路上以 20 m/s 的速度行使发现前方 180 m 处有一货车 $B$ 以 6 m/s 的速度同向匀速行驶,司机立即制动,能否发生撞车事故?

【错解】 假设汽车 $A$ 制动后 40 s 的位移为 $S_1$,货车 $B$ 在这段时间内的位移为 $S_2$。

对汽车 $A$,据 $a = \dfrac{v_t - v_0}{t}$ 可知 $A$ 车的加速度为 $a = -0.5$ m/s²。

$$S_1 = v_0 t - \frac{1}{2} a t^2$$

代入得

$$S_1 = 400 \text{ m}$$

对汽车 $B$,同理可得 $S_2 = v_2 t = 240$ m,两车位移差为 $\Delta S = 160$ m。

因为两车刚开始相距 180 m > 160 m,所以两车不相撞。

【错解分析】 对追及相遇问题中的"速度关系"和"位移关系"把握不到位,追及相遇问题必须弄清不相撞的条件。汽车 $A$ 与货车 $B$ 同速时,两车位移差和初始时刻两车距离关系是判断两车能否相撞的依据。当两车同速时,两车位移差大于初始时刻的距离时,两车相撞;小于、等于初始时刻的距离时,则不相撞。而错解中的条件判断错误导致错解。

**【正确解答】**　根据题意,画出两车的位置关系,如图1-5所示。

对汽车 $A$:根据加速度公式可求出

$$a = \frac{v - v_0}{t} = -0.5 \text{ m/s}^2$$

当 $A$ 车减速至与 $B$ 车同速时,是 $A$ 车与 $B$ 车距离最大的时刻,这时若能超过 $B$ 车则相撞;反之,则不能相撞。

根据 $v_t^2 - v_0^2 = 2aS$,此时 $A$ 车的位移为

$$S_1 = \frac{v_t^2 - v_0^2}{2a} = 364 \text{ m}$$

对汽车 $B$:该段时间内 $B$ 车的位移为

$$S_2 = v_2 t = 168 \text{ m}$$

则两车相距 $\Delta S = S_1 - S_2 = 196 \text{ m} >$ 180 m,所以两车相撞。

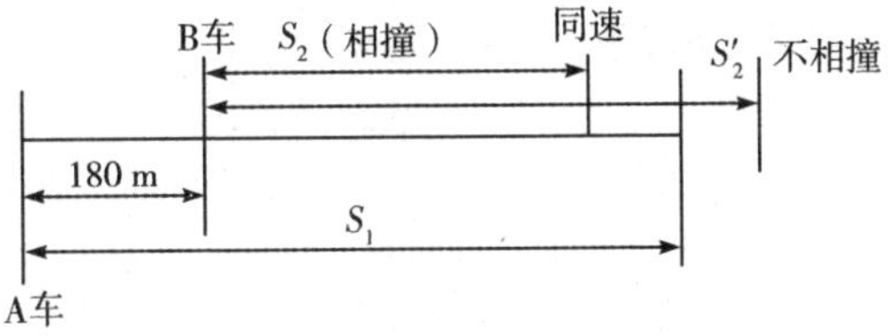

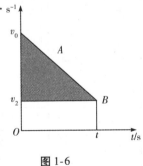

图 1-5

**【自我分析】**　基于新课程学习的三个维度"情感态度与价值观5.了解并体会物理学对经济、社会发展的贡献,关注并思考与物理学相关的热点问题,有可持续发展意识,能在力所能及的范围内,为社会的可持续发展做出贡献"而分析解决追及相遇问题,应当成为当下交通运输中的一个热点问题,学生要养成画出物体运动的位置示意图的习惯,位置示意图对寻找位移关系有"开门见山"之功效。比如说画出如图1-5,通过此图理解物理情境。此类问题常见的情境是:能追上(寻找满足的位移关系),则追上之前两物体距离有最大值(寻找此时满足的速度关系,一般情况是速度相等),也有可能追不上,则两物体之间的距离有最小值(寻找此时满足的速度关系)。当然,此类问题也可以借图象帮助求解,根据题意画出两车运动的 $v - t$ 图象,如图1-6所示。阴影区是 $A$ 车比 $B$ 车多通过的最大距离,这段距离若能大于两车初始时刻的距离,则两车必相撞,若小于、等于两车初始时刻的距离,则不相撞。

其实,追及相遇问题是运动学的一个难点,但只要我们把握以下几点,完全可以攻克这一难关:

(1)相遇问题:指两物体分别从相距 $x$ 的两地运动到同一位置,它的特点是两物体运动的位移的矢量和等于 $x$。分析时要注意:

①两物体是否同时开始运动,两物体运动至相遇时运动时间可建立某种关系;

②两物体各做什么形式的运动;

③由两物体的时间关系,根据两物体的运动形式建立位移的矢量方程。

图 1-6

（2）追及问题：指两物体同向运动而达到同一位置。分析时找出两者的时间关系、位移关系是解决追及问题的关键，同时追及物体与被追及物体的速度恰好相等时的临界条件，往往是解决问题的重要条件。

类型一：速度小者追速度大者

| 类型 | 图象 | 说明 |
|------|------|------|
| 匀加速追匀速 | 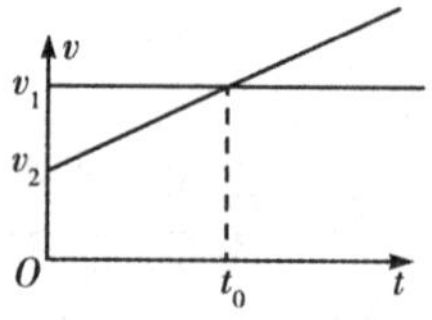 | ①$t = t_0$ 以前，后面物体与前面物体间距离增大；<br>②$t = t_0$ 时，两物体相距最远为 $x_0 + \Delta x$；<br>③$t = t_0$ 以后，后面物体与前面物体间距离减小；<br>④能追上且只能相遇一次 |
| 匀速追匀减速 | 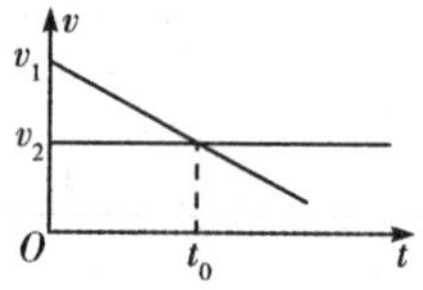 | |
| 匀加速追匀减速 | 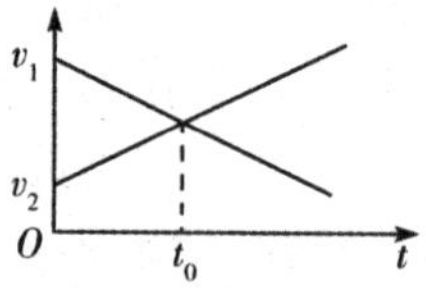 | |

类型二：速度大者追速度小者

| 类型 | 图象 | 说明 |
|------|------|------|
| 匀减速追匀速 | 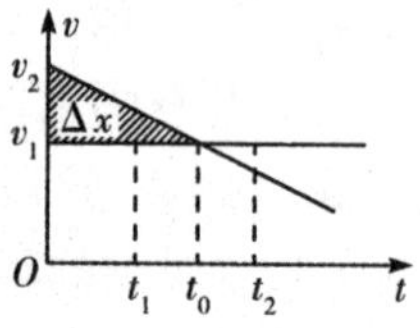 | 开始追及时，后面物体与前面物体间距离在减小，当两物体速度相等时，即 $t = t_0$ 时刻：<br>①若 $\Delta x = x_0$，则恰能追上，两物体只能相遇一次，这也是避免相撞的临界条件；<br>②若 $\Delta x < x_0$，则不能追及，此时两物体最小距离为 $x_0 - \Delta x$；<br>③若 $\Delta x > x_0$，则相遇两次，设 $t_1$ 时刻 $\Delta x_1 = x_0$，两物体第一次相遇，则 $t_2$ 时刻两物体第二次相遇 |
| 匀速追匀加速 | 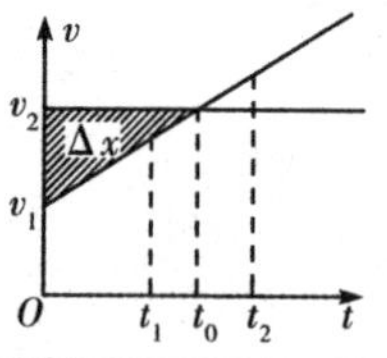 | |
| 匀减速追匀加速 | 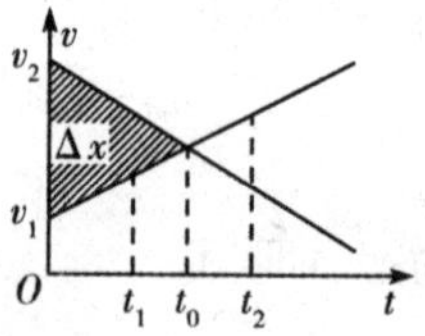 | |

注：①表中的 $\Delta x$ 是开始追及以后，后面物体因速度大而比前面物体多运动的位移。

②表中 $x_0$ 是开始追及以前两物体之间的距离。

③表中 $t_2 - t_0 = t_0 - t_1$。

④表中 $v_1$ 是前面物体的速度，$v_2$ 是后面物体的速度。

（3）不管什么类型分析追及问题时应注意以下几个方面。

①抓住一个条件，两个关系。

一个条件：是两物体满足的临界条件，即速度相等。

两个关系：是时间关系和位移关系，其中通过画示意图找出两物体位移之间的数量关系，这是解题的突破口。

②仔细审题，充分挖掘题干中的隐含条件，如"刚好""最多""至少"，往往对应一个临界状态，这是解题的关键。

③解题方法常用分析法、代数法、图象法、相对运动法等。

▲例4　长期生活在河边的居民都有渡河的生活体验，假如河水的流速 $v_1 = 3$ m/s，要渡过 $d = 30$ m 宽的河，某船在静水中的划行速度 $v_2 = 5$ m/s，下列说法正确的是　　　　　　　　　　　　　　　　（　　）

A. 船不可能沿垂直于河岸的航线抵达对岸

B. 该船的最短航程等于 30 m

C. 河水的流速越大，渡河时间越长

D. 该船渡河所用时间至少是 10 s

【错解】　要使航程最短，船头应指向与岸垂直的方向。最短航程为 $d$。故选 B。

【错解分析】　对"分运动"和"合运动"不理解。误认为船在水中航行时船头指向什么方向就向什么方向运动，实际上，船的运动方向是船在静水中的速度、方向与水流方向共同决定的，要使航程最短，应使合速度垂直于岸；要使时间最短，轮船自身的速度必须垂直于河岸。

【正确解答】　一般情况下，如果题中没有给出 $v_1$ 与 $v_2$ 的大小关系，常见的轮船渡河的问题应考虑以下 2 种可能出现的情况。

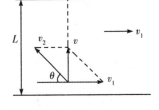

图 1-7

①当 $v_2 > v_1$ 时，船头斜向上游，与岸夹角为 $\theta$，如图 1-7。

$$\cos \theta = \frac{v_1}{v_2}, \theta = \arccos \frac{v_1}{v_2}$$

此种情况下航程最短为 $L$（注意：时间不是最短的）。

②当 $v_2 < v_1$ 时，如图 1-8 所示，船头斜向上游，与岸夹角为 $\theta$ 时，用三角形法则分

析,当它的方向与圆相切时,航程最短,设为 $S$,由几何关系可知,此时 $v_2 \perp v$(合速度)($\theta \neq 0$)。

$$\cos \theta = \frac{v_2}{v_1}, \theta = \text{arc } \cos \frac{v_2}{v_1}$$

由几何知识可知

$$S = \frac{v_2}{v_1} \cdot L$$

由于本题属于 $v_2 > v_1$ 的情况,故选 AD。

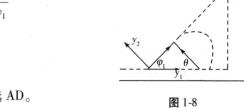

图1-8

**【自我分析】** 基于新课程核心素养中的学科思想
方法"物理学科思想方法是人们研究物理学在发现问题、提出问题、解决问题的过程中,所使用的策略、途径、手段、方式和操作的总和,包括:①理想模型(对象模型、条件模型、过程模型、模拟模型);②理想实验"的要求,轮船渡河问题中最为常见的问题就是航程最短与时间最短问题,而这两个问题代表的是两个不同的渡河模型。航程最短是指合位移最小,时间最短是指用垂直河岸的最大速度过河的时间。解决这类问题的突破口就是合运动与分运动的等时性及两个方向运动的独立性。要学会分析轮船渡河问题,我们只需要会分析以下几种类型的问题:

(1)两种情况:①船速大于水速;②船速小于水速。

(2)两种极值:①渡河最小位移;②渡河最短时间。

▲例4 一水平的浅色长传送带上放置一煤块(可视为质点),煤块与传送带之间的动摩擦因数为 $\mu$。初始时,传送带与煤块都是静止的。现让传送带以恒定的加速度 $a_0$ 开始运动,当其速度达到 $v_0$ 后,便以此速度做匀速运动。经过一段时间,煤块在传送带上留下了一段黑色痕迹后,煤块相对于传送带不再滑动。求此黑色痕迹的长度。

**【错解】** 以煤块为研究对象,水平方向只受摩擦力,所以加速度 $a = g\mu$。

假设经历时间 $t$,速度达到 $v_0$,随后与传送带一起做匀速直线运动,此过程中有

$$v_0 = at \quad ①$$

$$s_1 = \frac{1}{2}at^2 \quad ②$$

再以皮带为研究对象,在时间 $t$ 内,发生的位移为

$$s_2 = v_0 t \quad ③$$

所以相对位移为

$$L = s_2 - s_1 \quad ④$$

联立①~④得

$$L = \frac{v_0^2}{g\mu}$$

【错解分析】 从求解的思维过程看,解题过程无可挑剔,但是,受常规问题的思维定势的影响,加上对题目的已知条件挖掘不够彻底,因而没有建立正确的物理情境,误将传送带的运动看作匀速直线运动来计算,导致计算结果的错误。

【正确解答】 根据"传送带上有黑色痕迹"可知,煤块与传送带之间发生了相对滑动,煤块的加速度 $a$ 小于传送带的加速度 $a_0$,根据牛顿定律可得

$$a = g\mu$$

设经历时间 $t$,传送带由静止开始加速到 $v_0$,煤块则由静止加速到 $v$,所以有

$$v_0 = at$$

由于 $v_0 < v$,故 $a_0 < a$,煤块继续受到滑动摩擦力的作用。再经过时间 $t'$,煤块的速度由 $v$ 增加到 $v_0$ 时,所以有

$$v_0 = v + at'$$

此后,煤块与传送带运动速度相同,相对于传送带不再滑动,不再产生新的痕迹。

设在煤块的速度从 0 增加到 $v_0$ 的整个过程中,传送带和煤块移动的距离分别为 $s_0$ 和 $s$,所以有

$$s_0 = \frac{1}{2}a_0 t^2 + v_0 t'$$

对传送带有

$$s = \frac{v_0^2}{2a}$$

那么,传送带上留下的黑色痕迹的长度为

$$L = s_0 - s$$

由以上各式得

$$L = \frac{v_0^2(a_0 - \mu g)}{2\mu a_0 g}$$

【自我分析】 从新课程三维目标"过程与方法 4. 参加一些科学实践活动,尝试经过思考发表自己的见解,尝试运用物理原理和研究方法解决一些与生产和生活相关的实际问题"出发,皮带传送问题对于理解匀变速直线运动和理解摩擦力非常有效,因而命题者乐此不疲,同时物理情境模式千变万化,对考查初学者处理问题的能力很有效。

在水平方向的传送带问题中物块的受力主要是讨论滑动摩擦,因此,分析问题时以滑块是否与传送带共速为临界进行分析讨论。

在斜面方向上的传送带问题中,物块的受力就要复杂多了。物体相对传送带滑动或者有滑动的趋势是判断摩擦力方向的关键,比如滑块受到沿斜面向下的滑动摩

擦力的作用,这样,物体在沿斜面方向上所受的合力为重力的分力和向下的滑动摩擦力,物体要做匀加速运动。当物体加速到与传送带有相同速度时,摩擦力情况要发生变化,同速的瞬间可以看成二者相对静止,无滑动摩擦力,但物体此时还受到重力的分力作用,因此,相对于传送带有向下的运动趋势。若重力的分力大于物体和传送带之间的最大静摩擦力,此时有 $\mu < \tan\theta$,则物体将向下加速,所受摩擦力为沿斜面向上的滑动摩擦力;若重力的分力小于或等于物体和传送带之间的最大静摩擦力,此时有 $\mu \geq \tan\theta$,则物体将和传送带相对静止一起向下匀速运动,所受静摩擦力沿斜面向上,大小等于重力的分力。另外,也可能出现的情况是传送带比较短,物体还没有加速到与传送带同速就已经滑到了底端,这样物体全过程都是受沿斜面向上的滑动摩擦力的作用。

## 【试一试】

1.【2017 全国 I 卷15】发球机从同一高度向正前方依次水平射出两个速度不同的乒乓球(忽略空气的影响)。速度较大的球越过球网,速度较小的球没有越过球网,其原因是 ( )

A. 速度较小的球下降相同距离所用的时间较多

B. 速度较小的球在下降相同距离时在竖直方向上的速度较大

C. 速度较大的球通过同一水平距离所用的时间较少

D. 速度较大的球在相同时间间隔内下降的距离较大

2.【2017 新课标Ⅲ卷20】(多选)一质量为 2 kg 的物块在合外力 $F$ 的作用下从静止开始沿直线运动。$F$ 随时间 $t$ 变化的图线如图所示,则 ( )

A. $t = 1$ s 时物块的速率为 1 m/s

B. $t = 2$ s 时物块的动量大小为 4 kg·m/s

C. $t = 3$ s 时物块的动量大小为 5 kg·m/s

D. $t = 4$ s 时物块的速度为零

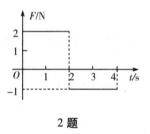

2题

3.【2018 全国Ⅱ卷19】(多选)甲、乙两汽车在同一条平直公路上同向运动,其速度－时间图象分别如图中甲、乙两条曲线所示。已知两车在 $t_2$ 时刻并排行驶。下列说法正确的是 ( )

A. 两车在 $t_1$ 时刻也并排行驶

B. 在 $t_1$ 时刻甲车在后,乙车在前

C. 甲车的加速度大小先增大后减小

D. 乙车的加速度大小先减小后增大

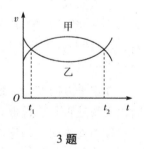

3题

4.【2018 **全国 I 卷** 14】高铁列车在启动阶段的运动可看作初速度为零的匀加速直线运动,在启动阶段列车的动能                                                          (    )

    A. 与它所经历的时间成正比        B. 与它的位移成正比

    C. 与它的速度成正比           D. 与它的动量成正比

5.【2018 **全国 II 卷** 15】高空坠物极易对行人造成伤害。若一个 50 g 的鸡蛋从一居民楼的 25 层坠下,与地面的碰撞时间约为 2 ms,则该鸡蛋对地面产生的冲击力约为                                                          (    )

    A. 10 N         B. $10^2$ N         C. $10^3$ N         D. $10^4$ N

6.【2018 **全国 3 卷** 17】在一斜面顶端,将甲、乙两个小球分别以 $v$ 和 $\frac{v}{2}$ 的速度沿同一方向水平抛出,两球都落在该斜面上。甲球落至斜面时的速率是乙球落至斜面时速率的                                                          (    )

    A. 2 倍         B. 4 倍         C. 6 倍         D. 8 倍

【你犯错了吗】

    1. C    2. AB    3. BD    4. B    5. C    6. A

# 曲线运动

## 主要核心内容

1. 物体做圆周运动的动力学问题和物体做圆周运动的能量问题。
2. 匀速圆周运动的动力学问题。
3. 机械能守恒定律等知识在圆周运动中的具体应用。
4. 平抛运动的动力学基本规律及其过程中的能量问题。
5. 万有引力定律及其在航空航天问题中的运用。

## 基本思想方法

1. 与牛顿定律解题的方法基本相同,必须注重"三个分析",即"受力分析""过程分析"和"状态分析"。

2. 会区别"匀速圆周运动"和"非匀速圆周运动"的差别。只有物体所受的合外力的方向沿半径指向圆心,物体才做匀速圆周运动。根据牛顿第二定律合外力与加速度的瞬时关系可知,当物体在圆周上运动的某一瞬间的合外力指向圆心,我们仍可以用牛顿第二定律对这一时刻列出相应的牛顿定律的方程,如竖直圆周运动的最高点和最低点的问题。

3. 学会分析向心力的"来源",物体所受外力在沿半径指向圆心的合力才是物体做圆周运动的向心力,因此,利用矢量合成或分解的方法分析物体的向心力也是本章的基本方法。

4. 在具体的圆周运动中,物体的受力比较复杂,各个力做功的情况又不尽相同,所以机械能守恒定律和动能定理也是最为常用的方法。

5. 化曲为直:利用运动合成与分解的方法研究平抛运动的问题,这是将复杂问题利用分解的方法变为若干个简单问题的基本方法。

6. 注意掌握理想化思想的建立与物理建模的建构,包括:①理想模型(对象模型、条件模型、过程模型、模拟模型);②理想实验。两者都属于建构类的学科思想方法,在本章极其有用。

## 典型错题分析

初学者常犯的错误主要表现在：

1. 对向心力的"来源"分析不正确。对物体做圆周运动时的受力情况不能做出正确的分析,特别是物体在水平面内做圆周运动,静摩擦力参与提供向心力的情况更为复杂。

2. 对轻杆、轻绳和圆轨道的约束下圆周运动的"模型"理解不深刻。

3. 对牛顿运动定律、圆周运动的规律及机械能守恒定律等知识内容不能综合地灵活应用,如对于被绳(或杆、轨道)束缚的物体在竖直面的圆周运动问题,由于涉及多方面知识的综合,表现出解答问题时顾此失彼。

4. 对各个力的做功分析不透彻,运用动能定理和机械能守恒定律列方程容易出错。

▲例1 航空航天已经成为现代世界科技的前沿物理应用,如果想要做圆周运动的人造地球卫星的轨道半径增大到原来的 2 倍后仍做圆周运动,则下列办法可行的是 （　　）

A. 根据公式 $v = \omega r$,可知卫星运动的线速度增大到原来的 2 倍

B. 根据公式 $F = m\dfrac{v^2}{r}$,可知卫星所需的向心力将减小到原来的 $\dfrac{1}{2}$

C. 根据公式 $F = G\dfrac{Mm}{r^2}$,可知地球提供的向心力将减小到原来的 $\dfrac{1}{4}$

D. 根据上述选项 B 和 C 给出的公式,可知卫星运动的线速度将减小到原来的 $\dfrac{\sqrt{2}}{2}$

【错解】 因为其他物理量 $M$、$m$、$G$ 都不变,当半径增大为原来的 2 倍时：

将 $2r$ 代入公式 $v = \omega r$ 得到 $v' = 2v$。

将 $2r$ 代入 $F = m\dfrac{v^2}{r}$ 得到 $F' = \dfrac{1}{4}F$。

将 $2r$ 代入 $F = G\dfrac{Mm}{r^2}$ 得到 $F' = \dfrac{1}{2}F$。

所以选项 A、B、C 正确。

【错解分析】 "死套公式"闹别扭。特别是物理学中有许多"二级结论",而这些"二级结论"一般都是有附加条件的,如果对公式中的字母的意义理解不到位而通过"死记"公式去"死套"物理问题,常常会犯一些低级错误。A、B、C 中的三个公式确实是正确的,但使用过程中 A、B 用错了。A 中的 $v = \omega r$ 是在 $\omega$ 一定时,$v \propto r$;B 中的 $F = m\dfrac{v^2}{r}$ 是在 $v$ 一定时,$F \propto \dfrac{1}{r}$。而此问题中 $r$ 的变化将引起 $\omega$、$v$ 的变化,因此就

不存在 $v \propto r$ 或 $F \propto \dfrac{1}{r}$ 的结论。所以 A、B 是错误的。

**【正确解答】** 对于 A 选项,线速度与半径成正比是在角速度一定的情况下。而 $r$ 变化时,角速度也变。故 A 选项错误。

对于 B 选项,$F \propto \dfrac{1}{r^2}$ 是在 $v$ 一定的情况下成立,但此时 $v$ 是变化的,故 B 选项错误。

对于 C 选项,$G$、$M$、$m$ 都是恒量,所以 $F \propto \dfrac{1}{r^2}$,即 $r' = 2r$ 时,$F' = \dfrac{1}{4}F$,故 C 选项正确。

对于 D 选项,由于 $m\dfrac{v^2}{r} = G\dfrac{Mm}{r^2}$,可以得出 $v^2 = \dfrac{GM}{r}$,$V \propto \dfrac{1}{\sqrt{r}}$,所以 $v' = \dfrac{\sqrt{2}}{2}v$,故 D 选项正确。

故本题正确选项为 C、D。

**【自我分析】** "学科思想方法"是学科素养的核心,离开"学科思想方法"而谈学科素养无异于纸上谈兵。人教版教材必修(Ⅱ)在"万有引力与航天"中有 8 处提到"学科思想方法",但是大多数初学者只满足于知识的记忆,而不注重章节知识清单式的复习学案,不注重全面梳理知识、公式、结论,没有形成整体知识框架,忽视基础,盲目刷题。所以要避免解题模式化、经验化,只是重视模型,不注重条件,循规蹈矩。"记忆"确实是学习的最基本的方法之一,但是如果对物理公式所反映的物理规律不理解而死记硬背,那样就会经常出错。因此,学习中应理解记忆,不但要知其然,更要知其所以然。比如,如果将卫星绕地球运动近似看成圆周运动,万有引力提供向心力,由此得

$$F_{向} = F_{万} = \frac{GMm}{R^2} = ma_{向} \begin{cases} \dfrac{v^2}{R} \\[2mm] \dfrac{4\pi^2 R}{T_2} \\[2mm] 4\pi^2 n^2 R \\[2mm] \omega^2 R \end{cases}$$

由以上式子不难得出

$$v \propto \frac{1}{\sqrt{R}}$$

$$T \propto \sqrt{R^3}$$

$$\omega \propto \frac{1}{\sqrt{R^3}}$$

$$n \propto \frac{1}{\sqrt{R^3}}$$

因此,熟记这些二级结论,会成为部分初学者的有效学习方法,因为上面公式中 $v$、$T$、$\omega$、$n$ 都与半径 $R$ 有关系,既容易记忆又有规律可循,很受部分学生的青睐,但是机械记忆、盲目套用又会成为物理学习出错的"根源"。其实万有引力定律运用的"突破口"只有两点:

(1)卫星做圆周运动时的两大思路: $F_万 = F_向$ 和 $F_万 = F_G$。但是前者适用于任何情况,而后者中的 $G$ 应该是卫星所在位置时的 $G$,不一定是地面上的 $G$。

(2)卫星变轨时往往涉及加速、减速、喷火等字眼,此时万有引力不能提供向心力,卫星要么做离心运动,要么做向心运动。

▲**例2** 一内壁光滑的环形细圆管,位于竖直平面内,环的半径为 $R$(比细管的半径大得多),圆管中有两个直径与细管内径相同的小球(可视为质点)。$A$ 球的质量为 $m_1$,$B$ 球的质量为 $m_2$。它们沿环形圆管顺时针运动,经过最低点时的速度都为 $v_0$。设 $A$ 球运动到最低点时,$B$ 球恰好运动到最高点,若要此时两球作用于圆管的合力为零,那么 $m_1$、$m_2$、$R$ 与 $v_0$ 应满足的关系式是_____。

【**错解**】 受力分析如图 2-1 所示,因为小球在竖直面内做圆周运动,所以当 $A$ 球通过最低点时,则有

$$N_1 = m_1 \frac{v_0^2}{R} \quad ①$$

$B$ 球在最高点时,则有

$$N_2 = m_2 \frac{v_1^2}{R} \quad ②$$

因为 $m_2$ 由最高点到最低点的过程中,根据机械能守恒有

$$m_2 g \cdot 2R + \frac{1}{2} m_2 v_1^2 = \frac{1}{2} m_2 v_0^2 \quad ③$$

又因为

$$N_1 = N_2 \quad ④$$

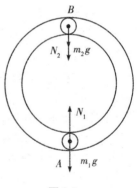

图 2-1

联立①~④解得

$$v_0 = \sqrt{\frac{4 m_2 g R}{m_2 - m_1}}$$

【**错解分析**】 对向心力的"来源"分析不透彻。导致错解的主要原因是在向心力的来源分析中缺乏准确的判断过程。没有做到真正的受力分析,虽然分析出了 $N_1 = N_2$,但实际上并没有真正明白为什么圆管给 $m_2$ 的力是向下的,本质上还是解决力学问题的基本受力分析不过关。再者,即使已经准确分析出 $A$、$B$ 两球的受力方向,对于向心力指的是什么,也含混不清,如错解中的①②两个方程。

**【正确解答】** 以小球为研究对象,运动到最高点和最低点的受力分析图,如图 2-1 所示。A 球在圆管最低点必受向上弹力 $N_1$,此时两球对圆管的合力为零,$m_2$ 必受圆管向下的弹力 $N_2$,且 $N_1 = N_2$。

根据牛顿第二定律,A 球在圆管的最低点,则有

$$N_1 = m_1 g = m_1 \frac{v_0^2}{R} \quad ①$$

同理,$m_2$ 在圆管最高点,则有

$$m_2 g + N_2 = m_2 \frac{v_1^2}{R} \quad ②$$

$m_2$ 由圆管最高点到最低点的过程中,根据机械能守恒定律得

$$m_2 g \cdot 2R + \frac{1}{2} m_2 v_1^2 = \frac{1}{2} m_2 v_0^2 \quad ③$$

又因为

$$N_1 = N_2 \quad ④$$

由式①~④解得

$$v_0 = \sqrt{\frac{(5m_2 + m_1)gR}{m_2 - m_1}}$$

**【自我分析】** 物理概念是从大量的物理现象和过程中抽象出来的,它更深刻地反映了事物的共同特征和本质属性,因此可以说,概念是浓缩了的知识点。如果没有概念作为分析、综合、判断、推理等逻辑的出发点,就不可能揭示物理学科的内容,更不可能形成科学的体系与结构,概念教学在必修(Ⅰ)(Ⅱ)模块占有非常重要的地位。初学者学习概念时的困难主要有:前概念的干扰、感性认识不足导致概念不清、抽象思维能力不强难以理解概念本身的含义,等等。一般而言,对于竖直面内的圆周运动不一定是匀速圆周运动(电磁场中除外),因此,向心力不一定处处等于合外力。但是,中学物理中常常要求初学者分析几个特殊的位置上向心力的来源问题,所以,依照题意画出几个特殊点的受力分析草图(最高点、最低点与圆心等高点)是关键,然后结合机械能守恒定律或者能量守恒定律列出"两点一过程"的主要方程,即可求解,这不仅是解题的一种习惯,也是一种解题的方法。其实对于向心力的理解我们只需要理解以下三点:

(1)向心力一定指向圆心。

(2)向心力可以由具体某一个力提供,也可以由几个力的合力提供,还可以由某个力的分力提供,方向始终与速度方向垂直。

(3)只有做匀速圆周运动的物体,其向心力才等于合外力,并且向心力只改变速度的方向,不改变速度的大小,因此物体的动能保持不变,而动量在不断改变。

温馨提示:向心力是指向圆心的合外力,不能作为受力分析的依据。

▲**例 3** 街头常常会遇见一种骗人游戏,游戏模式可简化为如图 2-2 所示的物理过程,用一个弹射装置使一小球沿半径为 $R$ 的圆形轨道从最低点上升,如果小球能够击中 $B$ 点小球,玩家取胜,否则为输。那么,需给处于 $A$ 点小球的最小速度为多大时,才能击中 $B$ 点小球?

【错解】 如图 2-2 所示,以小球为研究对象,根据机械能守恒定律,小球在圆形轨道最高点 $B$ 时的势能等于它在圆形轨道最低点 $A$ 时的动能(以 $A$ 点作为零势能位置),所以有

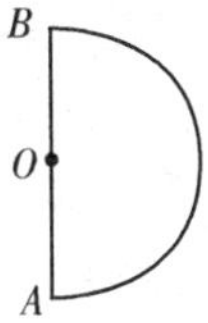

图 2-2

$$mg \cdot 2R = \frac{1}{2}mv_A^2$$

从而得

$$v_A = 2\sqrt{gR}$$

【错解分析】 对竖直面面内圆周运动的"临界"认识不明确。小球到达最高点 $B$ 时的速度 $v_B$ 不能为零,否则小球早在到达 $B$ 点之前就离开了圆形轨道,要使小球到达 $B$ 点(不脱离圆形轨道),则小球在 $B$ 点的速度必须满足

$$mg + N_B = m\frac{v_B^2}{R}$$

上式表示小球做圆周运动通过 $B$ 点所需要的向心力由轨道对它的弹力和它本身的重力共同提供。

而当 $N_B = 0$ 时,$v_B$ 最小,$v_B = \sqrt{gR}$。

也就是说,要使小球达到 $A$ 点,则应该使小球在 $A$ 点具有的速度 $v_B \geqslant \sqrt{gR}$。

【正确解答】 以小球为研究对象,小球在轨道最高点时,受重力和轨道给的弹力。

小球在圆形轨道最高点 $A$ 时满足方程

$$\frac{1}{2}mv_B^2 + mg \cdot 2R = \frac{1}{2}mv_A^2 \quad ①$$

根据机械能守恒,小球在圆形轨道最低点 $B$ 时的速度满足方程

$$\frac{1}{2}mv_A^2 + mg \cdot 2R = \frac{1}{2}mv_B^2 \quad ②$$

联立①~②得:

$$v_A = \sqrt{5gR + \frac{R}{m}N_B}$$

当 $N_B = 0$ 时,$v_A$ 为最小,$v_A = \sqrt{5gR}$。

所以在 $A$ 点应使小球至少具有 $v_A = \sqrt{5gR}$ 的速度,才能使它到达圆形轨道的最高点 $B$。

【自我分析】 "物理模型思想"是物理学科素养中的学科思想方法中的一类,

即建构类思想模型。对于竖直面内的圆周运动是曲线运动的重点知识,也是重要的物理模型,更是高考中的重点考查内容之一。重力场中竖直面内的圆周运动是典型的非匀速圆周运动,对于物体在竖直平面内做圆周运动的问题,中学物理一般只研究物体通过最高点和最低点时的情况,并且高考中涉及圆周运动的知识大多是临界问题,其中竖直面上线球模型、杆球模型、轨道模型、管道模型中圆周运动的临界问题出现的频率非常高。最高点的临界有三种情况,分别对应着三种"模型",即"轨道模型""轻绳模型"和"轻杆模型",对此必须重点理解,重点掌握。该类问题常有临界问题,并伴有"最大""最小""刚好"等词语,现对两种模型分析比较如下:

| | 轻绳模型 | 轻杆模型 |
|---|---|---|
| 常见类型 | <br>均是没有支撑的小球 | <br>均是有支撑的小球 |
| 过最高点的临界条件 | 最高点:$F_T = 0$<br>即 $mg = m\dfrac{v^2}{r}$,得 $v_{临} = \sqrt{gr}$ | 最高点 $v = 0$<br>即 $F_{向} = 0$,$F_N = mg$ |
| 讨论分析 | (1)过最高点时,$v \geqslant \sqrt{gr}$,$F_N + mg = m\dfrac{v^2}{r}$,绳、轨道对球产生弹力 $F_N$<br>(2)不能过最高点时,$v < \sqrt{gr}$,在到达最高点前小球已经脱离了圆轨道 | (1)当 $v = 0$ 时,$F_N = mg$,$F_N$ 为支撑力,沿半径背离圆心;<br>(2)当 $0 < v < \sqrt{gr}$ 时,$-F_N + mg = m\dfrac{v^2}{r}$,$F_N$ 背离圆心且随 $v$ 的增大而减小;<br>(3)当 $v = \sqrt{gr}$ 时,$F_N = 0$;<br>(4)当 $v > \sqrt{gr}$ 时,$F_N + mg = m\dfrac{v^2}{r}$,$F_N$ 指向圆心并随 $v$ 的增大而增大 |

▲例4 物体在 $h$ 高处以水平初速度 $v_0$ 抛出,落地时的速度为 $v_t$,竖直分速度为 $v_y$,下列公式能用来计算该物体在空中运动时间的是　　　　　(　　)

A. $\dfrac{\sqrt{v_t^2 - v_0^2}}{g}$　　　B. $\dfrac{v_t - v_0}{g}$　　　C. $\sqrt{\dfrac{2h}{g}}$　　　D. $\dfrac{2h}{v_y}$

【错解】 因为物体做平抛运动时 $a = g$,

所以根据 $v_t = v_0 + gt$,有

$$t = \frac{v_t - v_0}{g}$$

故 B 选项正确。

**【错解分析】** "乱套公式"闹别扭。一是模型与规律不配套。$v_t = v_0 + gt$ 是匀加速直线运动的速度公式,而平抛运动是曲线运动,不能用此公式。二是不理解解决平抛运动的基本方法是运动的合成与分解。平抛运动可分解为水平方向的匀速直线运动和竖直方向的自由落体运动,且每个分运动都遵循相应的直线运动规律。

**【正确解答】** 由于平抛运动可分解为水平方向的匀速直线运动和竖直方向的自由落体运动,而且分运动与合运动时间具有等时性,所以有

水平方向

$$x = v_0 t \quad ①$$

竖直方向

$$h = \frac{1}{2} g t^2 \quad ②$$

又根据

$$h = \frac{v_y}{2} \cdot t \quad ③$$

$$v_y = \sqrt{v^2 - v_0^2} \quad ④$$

$$v_y = gt \quad ⑤$$

据式① ~ ⑤可知选项 A、C、D 正确。

**【自我分析】** 从新课程学习的三个维度"过程与方法 4. 参加一些科学实践活动,尝试经过思考发表自己的见解,尝试运用物理原理和研究方法解决一些与生产和生活相关的实际问题"出发,解决平抛运动问题的关键是运动的合成与分解,通过"化曲为直"的学科思想,将曲线运动变为直线运动后,选择运动学公式。首先要判断运动性质,运动性质确定了,模型确定了,运动规律就确定了。其实,对于平抛运动的理解,我们应该把握以下三点:

(1)定义:将物体以一定的初速度沿水平方向抛出,不考虑空气阻力,物体只在重力作用下所做的运动。

(2)规律:水平方向匀速直线运动,竖直方向自由落体运动;是典型的匀变速曲线运动,轨迹是一条抛物线。

①水平速度 $v_x = v_0$,竖直速度 $v_y = gt$,合速度(实际速度)的大小 $v = \sqrt{v_x^2 + v_y^2}$。物体的合速度 $v$ 与 $x$ 轴之间的夹角为

$$\tan \alpha = \frac{v_y}{v_x} = \frac{gt}{v_0}$$

②水平位移 $x = v_0 t$,竖直位移 $y = \frac{1}{2} g t^2$,合位移(实际位移)的大小 $s = \sqrt{x^2 + y^2}$。

物体的总位移 $s$ 与 $x$ 轴之间的夹角为

$$\tan \theta = \frac{y}{x} = \frac{gt}{2v_0}$$

可见，平抛运动的速度方向与位移方向不相同。

而且 $\tan \alpha = 2\tan \theta$，但是 $\alpha \neq 2\theta$，

由 $x = v_0 t$ 和 $y = \frac{1}{2}gt^2$ 联立，消去 $t$ 得到 $y = \frac{g}{2v_0^2}x^2$。

可见平抛运动的轨迹为抛物线。

（3）平抛运动的几个结论。

①落地时间由竖直方向分运动决定。

由 $h = \frac{1}{2}gt^2$ 得

$$t = \sqrt{\frac{2h}{g}}$$

②水平飞行射程由高度和水平初速度共同决定。

$$x = v_0 t = v_0 \sqrt{\frac{2h}{g}}$$

③平抛物体任意时刻的瞬时速度 $v$ 与平抛初速度 $v_0$ 夹角 $\theta\alpha$ 的正切值为位移 $s$ 与水平位移 $x$ 夹角 $\theta$ 正切值的两倍。

④平抛物体任意时刻的瞬时速度方向的反向延长线与初速度延长线的交点到抛出点的距离都等于水平位移的一半。

⑤平抛运动中，任意一段时间内速度的变化量 $\Delta v = g\Delta t$，方向恒为竖直向下（与 $g$ 同向）。任意相同时间内的 $\Delta v$ 都相同（包括大小、方向），如图 2-3 所示。

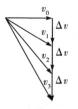

图 2-3

⑥以不同的初速度，从倾角为 $\theta$ 的斜面上沿水平方向抛出的物体，再次落到斜面上时速度与斜面的夹角 $\alpha$ 相同，与初速度无关。（飞行的时间与速度有关，速度越大，时间越长。）如图 2-4 所示。

所以

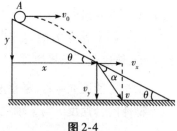

图 2-4

$$t = \frac{2v_0}{g}\tan \theta$$

$$\tan(\alpha + \theta) = \frac{v_y}{v_x} = \frac{gt}{v_0}$$

$\tan(\alpha + \theta) = 2\tan \theta$，$\theta$ 为定值，故 $\alpha$ 也是定值，与速度无关。

⑦速度 $v$ 的方向始终与重力方向成一夹角,故其始终为曲线运动,随着时间的增加,$\tan\theta$ 变大,$\theta$ 变大,速度 $v$ 与重力的方向越来越靠近,但永远不能到达。

⑧从动力学的角度看,由于做平抛运动的物体只受到重力,因此,物体在整个运动过程中机械能守恒。

## 【试一试】

1.【2017 全国Ⅱ卷19】(多选)如图,海王星绕太阳沿椭圆轨道运动,$P$ 为近日点,$Q$ 为远日点,$M$、$N$ 为轨道短轴的两个端点,运行的周期为 $T_0$,若只考虑海王星和太阳之间的相互作用,则海王星在从 $P$ 经过 $M$、$Q$ 到 $N$ 的运动过程中 ( )

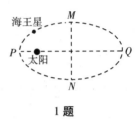

1题

A.从 $P$ 到 $M$ 阶段所用的时间等于 $T_0/4$

B.从 $Q$ 到 $N$ 阶段,机械能逐渐变大

C.从 $P$ 到 $Q$ 阶段,速率逐渐变大

D.从 $M$ 到 $N$ 阶段,万有引力对它先做负功后做正功

2.【2018 全国Ⅲ卷17】在一斜面顶端,将甲、乙两个小球分别以 $v$ 和 $\dfrac{v}{2}$ 的速度沿同一方向水平抛出,两球都落在该斜面上。甲球落至斜面时的速率是乙球落至斜面时速率的 ( )

A.2 倍　　　　B.4 倍　　　　C.6 倍　　　　D.8 倍

3.【2018 全国Ⅲ卷25】如图,在竖直平面内,一半径为 $R$ 的光滑圆弧轨道 $ABC$ 和水平轨道 $PA$ 在 $A$ 点相切,$BC$ 为圆弧轨道的直径。$O$ 为圆心,$OA$ 和 $OB$ 之间的夹角为 $\alpha$,$\sin\alpha = \dfrac{3}{5}$,一质量为 $m$ 的小球沿水平轨道向右运动,经 $A$ 点沿圆弧轨道通过 $C$ 点,落至水平轨道;在整个过程中,除受到重力及轨道作用力外,小球还一直受到一水平恒力的作用,已知小球在 $C$ 点所受合力的方向指向圆心,且此时小球对轨道的压力恰好为零。重力加速度大小为 $g$。求:

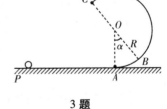

3题

(1)水平恒力的大小和小球到达 $C$ 点时速度的大小;

(2)小球到达 $A$ 点时动量的大小;

(3)小球从 $C$ 点落至水平轨道所用的时间。

【你犯错了吗】

1. CD  2. A

3. 解答:(1)设水平恒力的大小为 $F_0$,小球到达 $C$ 点时所受合力的大小为 $F$。由力的合成法则可得

$$\frac{F_0}{mg} = \tan \alpha \quad ①$$

$$F^2 = (mg)^2 + F_0^2 \quad ②$$

设小球到达 $C$ 点时的速度大小为 $v$,由牛顿第二定律得

$$F = m\frac{v^2}{R} \quad ③$$

由式①②③和题干给出的数据可得

$$F_0 = \frac{3}{4}mg \quad ④$$

$$v = \frac{\sqrt{5gR}}{2} \quad ⑤$$

(2)设小球到达 $A$ 点的速度大小为 $v_1$,作 $CD \perp PA$,交 $PA$ 于 $D$ 点,由几何关系得

$$DA = R\sin \alpha \quad ⑥$$

$$CD = R(1 + \cos \alpha) \quad ⑦$$

由动能定理可得

$$-mg \cdot CD - F_0 \cdot DA = \frac{1}{2}mv^2 - \frac{1}{2}mv_1^2 \quad ⑧$$

由式④⑤⑥⑦⑧和题干给出的数据可得,小球在 $A$ 点的动量大小为

$$p = mv_1 = \frac{m\sqrt{23gR}}{2} \quad ⑨$$

(3)小球离开 $C$ 点后在竖直方向上做初速度不为零的匀加速运动,加速度大小为 $g$。设小球在竖直方向的初速度为 $v_\perp$,从 $C$ 点落至水平轨道上所用时间为 $t$。由运动学公式可得

$$v_\perp t + \frac{1}{2}gt^2 = CD \quad ⑩$$

$$v_\perp = v\sin \alpha \quad ⑪$$

由式⑤⑦⑩⑪和题干给出的数据可得

$$t = \frac{3}{5}\sqrt{\frac{5R}{g}} \quad ⑫$$

# 牛顿运动定律

## 主要核心内容

1. 力的概念及其表示方法。
2. 重力、弹力、摩擦力的概念及其判断。
3. 能够建立起正确的"运动和力"的关系。
4. 物体的平衡及其求解方法。
5. 牛顿第二定律在动力学问题中的应用。
6. 失重和超重等的概念和规律。

## 基本思想方法

1. 平行四边形法则。这是所有矢量进行加、减法运算过程中的基本法则。

2. 整体法与隔离法。运用牛顿第二定律解决实际问题时,常需要将某一个物体从众多物体中隔离出来进行受力分析的方法称为"隔离法",隔离法是分析物体受力情况的基础,而对物体的受力情况进行分析又是应用牛顿第二定律的基础。因此,这种从复杂的对象中隔离出某一孤立的物体进行研究的方法便显得十分重要。当然,有时候又需要将几个物体看成一个整体,就称为"整体法"。

3. 动力学问题的三分析,即受力分析、过程分析、状态分析。

4. 物理"模型"法。如:轻杆、轻绳、轻弹簧等。

## 典型错题分析

初学者常犯的错误主要表现在:

1. 不能正确地选择研究对象。

2. 不能进行正确的受力分析,特别是对摩擦力(尤其是对静摩擦力)的分析。

3. 不能对运动和力的关系准确地把握,如误以为物体受到什么方向的合外力,则物体就向什么方向运动。

4. 对"模型"的理解不够。

▲**例1**  甲、乙两队进行拔河比赛,结果甲胜乙败,那么下列关于甲乙两队的说法中正确的是                                （      ）

A. 甲队胜利,说明甲队的力大而乙队的力小

B. 甲队胜利,说明甲对乙的拉力大于乙对甲的拉力

C. 虽然甲队胜利,但甲对乙的拉力等于乙对甲的拉力

D. 甲队胜利是由于甲队与地面的摩擦力比乙队与地面之间的摩擦力大

【错解】  因甲方胜一定是甲方对乙方的拉力大,故选 B。

【错解分析】  不做分析"想当然"。物体的运动状态不是由哪一个力决定的,而是由合外力决定的。拔河比赛中,甲、乙双方与地面之间的摩擦力大小决定了哪一方取胜,甲、乙两队之间的拉力是相互作用力,应该一样大。

【正确解答】  甲、乙两队相互之间的拉力是相互作用力,根据牛顿第三定律,大小相等,方向相反,作用在甲、乙两个队上。正确答案选 C、D。

【自我分析】  基本概念是物理学的基石,基本规律是物理学的中心,要让初学者掌握学科的基本结构,就必须让初学者学好基本概念和基本规律。从这个意义上来说,物理规律是压缩了的知识链,物理虽然来源于生活,但又高于生活。生活中有一些感觉和经验不总是正确的,不能把生活中的感觉和经验当成规律来用,而运用物理规律来解决生活中的问题时,很多时候我们总是把"感觉"和"规律"混为一谈,比如我们总是认为"速度越大,惯性就越大""大人力大而小孩力小",甚至"力是物体产生运动的原因"等等。所以对于相互作用力的理解,我们只需要把握以下两点:

(1)两个物体间的作用力和反作用力总是大小相等,方向相反,并且作用在同一直线上,可表示为 $f_1 = -f_2$,同时注意:

①力的作用是相互的。同时出现,同时消失。

②相互作用力一定是相同性质的力。

③作用力和反作用力作用在两个物体上,产生的作用不能相互抵消。

④作用力也可以叫作反作用力,只是选择的参照物不同。

⑤作用力和反作用力因为作用点不在同一个物体上,所以不能求合力。

(2)相互作用力和平衡力的区别:

①相互作用力是大小相等、方向相反、作用在两个物体上,且在同一直线上的力;两个力的性质是相同的。

②平衡力是作用在同一个物体上的两个力,大小相同、方向相反,并且作用在同一直线上。两个力的性质可以是不同的。

③相互平衡的两个力可以单独存在,但相互作用力同时存在,同时消失。

▲例2 如图3-1所示，一木块放在粗糙水平桌面上，在水平方向上受 $F_1$、$F_2$ 两个力而处于静止状态。其中 $F_1 = 2$ N，$F_2 = 10$ N。若撤去力 $F_2$，则木块在水平方向受到的合外力为

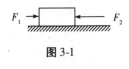

图3-1

( )

A．10 N 向左　　B．6 N 向右　　C．2 N 向左　　D．0

【错解】 错解一：对木块受力分析，水平方向受两个力 $F_1$、$F_2$ 的作用而处于静止状态，当撤去 $F_2$ 木块只受 $F_1$ 作用，故选 C。

错解二：对木块受力分析，水平方向木块受到 $F_1$、$F_2$ 和摩擦力作用而保持静止。当撤去 $F_2$ 后，$F_1$ 和摩擦力的合力与撤去力的 $F_2$ 大小相等，方向相反。故 A 正确。

【错解分析】 对于错解一："概念理解"不透彻。未真正理解摩擦力的产生及其本质特征，也缺乏学习物理必备的"学科素养"。由于静摩擦力是一种"隐性"作用力，如果问题没有明确说出来，必须通过物体的运动状态进行判断，否则就会犯这样的低级错误。如本题中，由于 $F_1$、$F_2$ 大小不相等，方向相反，而物体又静止不动，第一思维就是"一定有摩擦力存在"，然后"顺藤摸瓜"，再根据平衡条件计算摩擦力的大小及其方向。

对于错解二："生搬硬套"闹别扭。运用"物体在几个力作用下处于平衡状态，如果某时刻去掉一个力，则其他几个力的合力大小等于去掉这个力的大小，方向与这个力的方向相反"的结论可得结果。实际上，这个规律成立要有一个前提条件，就是去掉其中一个力，而其他力不变。本题中去掉 $F_1$ 后，由于摩擦力发生变化，所以结论不成立。

【正确解答】 因为木块原来处于静止状态，所以其所受摩擦力为静摩擦力。

根据牛顿第二定律有 $F_1 - F_2 - f = 0$，此时静摩擦力为 $f = 8$ N，方向向左，显然木块受到的最大静摩擦力 $f_m \geq 8$ N。

当撤去 $F_1$ 后，木块水平方向受到向左 2 N 的力，有向左的运动趋势，由于 $F_2 = 2$ N $\leq 8$ N，所以所受摩擦力仍为静摩擦力。此时 $f = -2$ N。故 D 选项正确。

【自我分析】 基于学科素养的要求："基础教育最需要培养学生的'创造性'学力，而'创造性'学力的养成不仅仅是靠知识的堆砌与再现的'记忆型'学力，更要靠能动的'思考性'学力"，大多数初学者运用概念、规律分析问题的过程中，尽可能在模仿中应用，在应用中感悟，进而在感悟中活化。例如，对于静摩擦力的问题，主要应用在分析物体相对静止但具有相对运动趋势的时候，所谓运动趋势，我们不妨认为是相对运动的可能性，一般被解释为物体要动还未动这样的状态。没动是因为有静摩擦力存在，阻碍相对运动产生，使物体间的相对运动表现为一种可能性。由此可知，确定静摩擦力的方向的方法是对物体运动趋势的判断，判断物体沿哪个方向产生相对运动的可能，这种相对运动的可能性就是运动趋势。其实对于静摩擦力的判断，常见的方法有三种。

（1）根据物体有无相对运动的趋势判断。

（2）根据物体的运动状态判断。

（3）运用假设法判断。

▲**例3** 如图3-2所示,在水平放置的粗糙的长木板上放置一个物体 $m$,当用手缓慢抬起一端时,木板受到的压力和摩擦力将怎样变化?

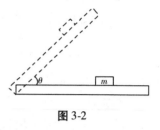

图3-2

【**错解**】 以木板上的物体为研究对象,物体受力分析如图3-3所示,因为物体静止,则根据牛顿第二定律有

$$mg\sin\theta - f = 0 \quad ①$$
$$F_N - mg\cos\theta = 0 \quad ②$$

由式①可知 $\theta$ 增大, $\sin\theta$ 增大,故 $f$ 增大。

由式②可知 $\theta$ 增大, $\cos\theta$ 减小,故 $F_N$ 减小。

再依牛顿第三定律可得,压力 $F_N'$ 减小。

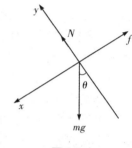

图3-3

【**错解分析**】 审题不清"闹别扭"。从表面上看,上述解法规范、具体,讨论合乎逻辑,但是未能对"缓慢"进行深刻理解,错解只抓住一个侧面,缺乏对物理情境的进一步分析。应从木块相对木板静止入手,分析出再抬高会相对滑动,若再想到 $f=\mu F_N$ 是滑动摩擦力的判断依据,这样就会避免漏解的情况,所以应考虑滑动之前怎样,滑动之后又会怎么样。

【**正确解答**】 以物体为研究对象,如果物块静止不动,则受力分析如图3-3所示。可以依据错解中的解法,可知 $\theta$ 增加,静摩擦力增加。当物体在斜面上滑动时,可以同错解二中的方法,据 $f=\mu N$,分析 $N$ 的变化,知 $f_{滑}$ 的变化。$\theta$ 增加,摩擦力增大,而压力减小。

如果物块开始沿斜面下滑时,受力分析仍然如图3-3所示,此时根据牛顿第二定律可得

$$mg\sin\theta - f = ma \quad ③$$
$$N - mg\cos\theta = 0 \quad ④$$
$$f = \mu N \quad ⑤$$

由式④可知 $\cos\theta$ 减小,故 $N$ 减小。

由式⑤可知 $N$ 减小,故 $f$ 减小。

综上所述,在整个缓慢抬起过程中,$y$ 方向的方程关系不变。依据错解中式②和式④可知压力一直减小。所以,抬起木板的过程中,摩擦力的变化是先增加后减小。压力一直减小。

【**自我分析**】 物理学科素养对科学思维的描述是:"①具有构建理想模型的意识和能力;②能正确使用物理思维方法,从定性和定量两个方面进行科学推理、找出

规律、形成结论,并能解释自然现象和解决实际问题;③具有使用科学证据的意识和评估科学证据的能力,能使用证据对研究的问题进行描述、解释和预测;④具有批判性思维的意识,能基于证据大胆质疑,从不同角度思考问题,追求科技创新"。显然,"使用科学证据的意识和评估科学证据的能力,能使用证据对研究的问题进行描述、解释和预测"是重点。为什么不少初学者(甚至到了高三)感觉高中物理学习很难呢? 一个重要原因是在学习的过程中,学生总感觉所要解决的问题一直在变化。所以要学会分析"万变中的不变",重点规律基本都有典型模型,典型模型都包含着科学思维,而科学思维是固化规律学习的有效方法,一定不能盲目提升训练试题的难度和强度。比如说,物理力学问题中有各种各样的动态变化过程,而动态平衡问题可以算是其中的一类,这类问题应抓住"变"与"不变"的关系,可从受力分析入手,列平衡方程找关系,也可以利用图解法,或者用矢量三角形法或相似性形法处理问题。其实对于物体的平衡问题,是牛顿运动定律解题的重点之一,我们只需要掌握以下三点:

(1)平衡的概念:物体保持静止或匀速直线运动的状态称为物体的平衡状态。

(2)平衡的种类:

①静态平衡:是指物体保持静止的状态,其特征是物体的速度为零($v=0$),加速度为零($a=0$),所受合外力为零($F_合=0$)。

②动态平衡:是物体保持匀速直线运动的状态,其特征是物体的速度为恒定值($v\neq0$),加速度为零($a=0$),所受合外力为零($F_合=0$)。

(3)平衡的特点:

①二力平衡:根据平衡条件可知,处于二力平衡的物体所受的两个力大小相等,方向相反,力的作用线在同一直线上。这两个力也叫一对平衡力。

②三力平衡:如图 3-4 所示,物体受到 $F_1$、$F_2$、$F_3$ 三个力的作用处于平衡状态,我们可以先把其中的两个力 $F_1$、$F_3$ 合成得到 $F'$,则相当于物体受到 $F'$ 和 $F_2$ 两个力作用平衡,所以 $F'$ 和 $F_3$ 的大小相等、方向相反,即 $F_1$ 和 $F_3$ 的合力与 $F_2$ 大小相等、方向相反(如图 3-5 所示)。同样,我们可以得到 $F_2$、$F_3$ 的合力与 $F_1$ 大小相等,方向相反;$F_1$ 和 $F_2$ 的合力与 $F_3$ 大小相等,方向相反。三力平衡时,表示三个力的矢量恰好构成一个首尾相连的闭合三角形(如图 3-6 所示)。

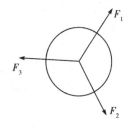

图 3-4

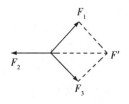

图 3-5

③多力平衡:根据以上三力平衡的方法可知,在多力平衡时,任意一个力与其余各力的合力等值反向;而这些力的矢量构成一个首尾相连的闭合多边形。若是四力平衡,则任意两力的合力必与另外两个力共点;若是五力平衡,则任意三个力的合力必与另外两个力共点或两个力的合力、

再两个力的合力与第五个力必共点。依此类推,若物体受几个力作用而平衡时,则$(n-1)$个力的合力与另一个力大小相等,方向相反而平衡,$n$个力用矢量表示时是一个首尾相连的闭合多边形,如图3-7所示。

图3-6　　　　　　　　　　图3-7

▲**例4**　如图3-8所示,物体静止在斜面上,现用水平外力$F$推物体$B$,在外力$F$由零逐渐增加的过程中,物体$A$、$B$始终保持静止,则物体$B$所受摩擦力大小的变化情况有可能　　　　　　　　　　　　　　　　　　　　　　　　(　　)

A.一直增大　　　　　　　　　B.一直减小

C.先增大后减小　　　　　　　D.先减小后增大

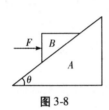

图3-8　　　　　　　　　图3-9

【**错解**】　错解一:以物体$B$为研究对象,物体受力如图3-9所示,根据牛顿第二定律列方程得

$$f + mg\sin\theta = F\cos\theta \quad ①$$
$$N - F\sin\theta - mg\cos\theta = 0 \quad ②$$

由式①可知,$F$增加,$f$也增加,所以过程中摩擦力是一直增加的,故选A。

错解二:以物体$B$为研究对象,受力分析如图3-10所示,根据牛顿第二定律列方程得

$$F\cos\theta + f = mg\sin\theta \quad ③$$
$$N = F\sin\theta + mg\cos\theta \quad ④$$

由式③知,$F$增大,$f$减小。

故选B。

【**错解分析**】　对静摩擦力的"产生"及其"突变"理解不到位。本题从表面上看,是分析摩擦力的大小,但实际上关键在摩擦力方向的确定。

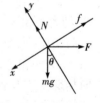

图3-10

【**正确解答**】　以物块为研究对象,当外力较小时($F\cos\theta < mg\sin\theta$)物体有向下的运动趋势,摩擦力的方向沿斜面向上,受力分析如图3-10所示,解法与错解二的

情况相同 $F$ 增加,$f$ 减少。

当外力较大时($F\cos\theta > mg\sin\theta$)物体有向上的运动趋势,摩擦力的方向沿斜面向下,受力分析如图 3-9 所示,解法与错解一相同,外力 $F$ 增加,摩擦力 $f$ 增加。当 $F\cos\theta = mg\sin\theta$ 时,摩擦力消失,即所谓的"突变"。

所以,在外力由零逐渐增加的过程中,摩擦力的变化是先减小后增大。故选 D。

【自我分析】 物理学科的学科素养对一个人的影响不是单一的、显性的,而是以整合的方式予以表现,因此,核心素养体系中的各项指标也不是彼此孤立地、分散地发挥作用,也是在一个人身上整体表现出来的一种"整合"。例如,对于静摩擦力的产生及其方向的判断与大小的计算,包括对物体运动的影响,是受力分析的一个难点,同时又是整个动力学问题的难点,特别是分析"斜面问题"时,初学者所犯的错误,基本上都是静摩擦力惹的"祸"。所以,分析问题时,思维适当地发散一下,多角度、全方位去分析常常可迎刃而解,比如本题,如果已知物体与斜面间的摩擦因数为 $\mu$,我们可以考虑三个问题巩固前面的分析方法。

(1)当 $F$ 为多少时,物体会保持静止。

(2)当 $F$ 为多少时,物体由静止开始沿斜面向上滑动。

(3)当 $F$ 为多少时,物体由静止开始沿斜面向下滑动。

受到问题的启发,我们可以想到 $F$ 的值应是一个范围。

首先以物体为研究对象,受力分析如图 3-10 所示,当 $F$ 最小时,如果物体刚好静止,此时的 $f$ 应该是临界值,此时的摩擦力为最大静摩擦力,可近似看成 $f_{静}=\mu N$ (最大静摩擦力),根据牛顿第二定律列出方程

$$\begin{cases} x:mg\sin\theta - f_{max} - F\cos\theta = 0 & ① \\ y:N - mg\cos\theta - F\sin\theta = 0 & ② \\ f_{max}=\mu N & ③ \end{cases}$$

解得

$$F = \frac{\sin\theta - \mu\cos\theta}{\cos\theta + \mu\sin\theta}\cdot mg$$

当 $F$ 从此值开始增加时,静摩擦力方向开始仍然斜向上,但大小逐渐减小,当 $F$ 增加到 $F\cos\theta = mg\sin\theta$ 时,即 $F = mg\cdot\tan\theta$ 时,摩擦力消失。

如果 $F$ 再增加,摩擦力方向改为沿斜面向下,仍可以根据受力分析图 3-9 列出方程

$$\begin{cases} x:mg\sin\theta + f - F\cos\theta = 0 & ④ \\ y:N - mg\cos\theta - F\sin\theta = 0 & ⑤ \end{cases}$$

随着 $F$ 的增加,静摩擦力增加,$F$ 最大值对应斜向下的最大静摩擦力。

依据式④、式①解得

$$F = \frac{\sin\theta + \mu\cos\theta}{\cos\theta - \mu\sin\theta}\cdot mg$$

要使物体静止，$F$ 的值应为

$$\frac{\sin\theta - \mu\cos\theta}{\cos\theta + \mu\sin\theta} \cdot mg \le F \le \frac{\sin\theta + \mu\cos\theta}{\cos\theta - \mu\sin\theta} \cdot mg$$

总而言之，我们必须承认，分析摩擦力的突变问题是分析摩擦力的重难点，甚至"难于上青天"。摩擦力突变的考题常有出现，且类型多，特别是静摩擦力随物体的相对运动趋势发生变化，其大小与方向均有可能变化的情况对应于物理过程的转变及临界状态，在分析中很容易发生失误。在复习时应引起高度重视，应仔细分析物体的状态变化的过程与细节，建议初学者不妨从以下四种情况入手，步步为营，逐个击破。

(1)静静突变(参照例2)。

(2)静动突变(如本题中)。

(3)动静突变(参照例6)。

(4)动动突变(参照例8)。

▲例5　如图3-11所示，$m$ 和 $M$ 保持相对静止，一起沿倾角为 $\theta$ 的光滑斜面下滑，试分析 $M$ 和 $m$ 间的摩擦力大小和方向。

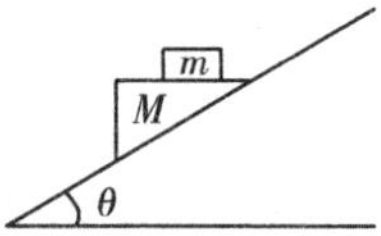

【错解】　以 $m$ 为研究对象，根据牛顿第二定律列方程

$$mg\sin\theta - f = ma \quad ①$$
$$N - mg\cos\theta = 0 \quad ②$$

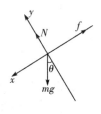

图3-11

再以整体为研究对象，受力分析如图3-12所示，根据牛顿第二定律列方程

$$(m + M)g \cdot \sin\theta = (M + m)a \quad ③$$

据式①②③解得 $f = 0$。

所以 $m$ 与 $M$ 间无摩擦力。

【错解分析】　"机械模仿"出差错。乍一看似乎解题步骤很规范，从研究对象的选择，到对象的受力分析，再到列方程计算并讨论都很规范，但思维没有跟上。要分析摩擦力就要找接触面，摩擦力方向一定与接触面相切，这一步是防止错误的起点。犯以上错误的客观原因是思维定式，一看见斜面问题就认为摩擦力就是沿斜面方向。归根到底还是对物理情境的认识和对物理过程的分析不清楚。

图3-12

【正确解答】　以整体为研究对象的受力分析，如图3-12所示。

根据牛顿第二定律列方程可得

$$x:(M + m)g\sin\theta = (M + m)a \quad ①$$

解得 $a = g\sin\theta$，沿斜面向下。

再以 $m$ 为研究对象，受力分析如图3-12所示。

根据牛顿第二定律列方程

$$x : f = ma_x \quad ②$$
$$y : N_2 - mg = ma_y \quad ③$$

因为 $m$、$M$ 的加速度是沿斜面方向，所以需将其分解为水平方向和竖直方向，如图 3-13 所示。

$$a_x = a\cos\theta \quad ④$$
$$a_y = a\sin\theta \quad ⑤$$

联立式①～⑤解得

$$f = mg\sin\theta \cdot \cos\theta$$

故 $m$ 受到的摩擦力向左，$M$ 受到的摩擦力向右。

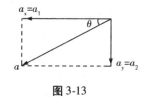

图 3-13

【自我分析】 核心素养指导下的高中物理学习注重的是，让学生领悟物理学科的思想方法、体验探究的过程、感受物理学的美妙、增强实践意识、养成良好习惯、培养创新能力等。这些学习目标的实现，都依赖于学习的过程。只有在物理概念的建构过程、物理规律的探索过程中，才能使初学者真切地理解物理学的思想方法，才能有效培养学生的物理核心素养。而"整体法"和"隔离法"作为研究对象选择的基本方法，是解决物理问题的首要环节，也是物理学研究问题的几个"大法"之中的两个。在很多物理问题中，研究对象的选择方案是多样的，研究对象的选取方法不同会影响求解的繁简程度。合理选择研究对象会使问题简化，反之，会使问题复杂化，甚至使问题无法解决。

所谓"整体法"，是将几个物体看作一个整体，或将看上去具有明显不同性质和特点的几个物理过程作为一个整体过程来处理。因为将几个物体看作一个整体之后，还是要将它们与周围的环境隔离开来。对于连结体问题以及叠放体问题，通常用"隔离法"，但有时也可采用"整体法"。如果能够运用"整体法"，我们应该优先采用"整体法"，这样涉及的研究对象少，未知量少，方程少，求解简便；不计物体间相互作用的内力，或物体内的物体的运动状态相同，一般首先考虑"整体法"。对于大多数动力学问题，单纯采用"整体法"并不一定能解决，通常采用"整体法"与"隔离法"相结合的方法。

所谓"隔离法"，是将研究对象从其周围的环境中隔离出来单独进行研究，这个研究对象可以是一个物体，也可以是物体的一个部分，广义的隔离法还包括将一个物理过程从其全过程中隔离出来。

隔离法和整体法看上去相互对立，但两者在本质上是统一的，因为将几个物体看作一个整体之后，还是要将它们与周围的环境隔离开来的。

▲例6 如图 3-14 所示，物体 $A$ 叠放在物体 $B$ 上，$B$ 置于光滑水平面上。$A$、$B$ 质量分别为 $m_A = 6$ kg，$m_B = 2$ kg，$A$、$B$ 之间的动摩擦因数 $\mu = 0.2$，开始时 $F = 10$ N，此后逐渐增加，在

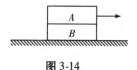

图 3-14

增大到 45 N 的过程中,则 ( )

　　A. 当拉力 $F < 12$ N 时,两物体均保持静止状态

　　B. 两物体开始没有相对运动,当拉力超过 12 N 时,开始相对滑动

　　C. 两物体间从受力开始就有相对运动

　　D. 两物体间始终没有相对运动

【错解】 因为静摩擦力的最大值近似等于滑动摩擦力。$f_{max} = \mu F_N = 12$ N。所以当 $F > 12$ N 时,$A$ 物体就相对 $B$ 物体运动。$F < 12$ N 时,$A$ 物体相对 $B$ 物体不运动。所以 A、B 选项正确。

【错解分析】 "概念不清"闹别扭。产生上述错误的原因有三,一是对 A 选项的理解不正确,A 选项中说两物体均保持静止状态,是物体 $A$、$B$ 以地面为参照系,显然,当有力 $F$ 作用在 $A$ 物体上时,以地面为参照系,$A$、$B$ 两物体是运动的。二是受物体在地面上运动情况(以地面为参照系)的影响,与本题中物体 $A$ 在不固定物体 $B$ 上运动的情况($A$ 物体以 $B$ 物体为参照系)是不同的。三是叠放问题中随时有"临界",特别是当静摩擦力能为物体 $B$ 的运动产生加速度的时候。

【正确解答】 首先以 $A$、$B$ 整体为研究对象。受力分析如图 3-15 所示。

根据牛顿第二定律列方程

$$F = (m_A + m_B)a \quad ①$$

再以 $B$ 为研究对象,如图 3-16 所示,$B$ 水平方向所受摩擦力为

$$f = m_B a \quad ②$$

图 3-15

当 $f$ 为最大静摩擦力时,由式①②可得

$$a = 6 \text{ m/s}^2$$

代入式①得

图 3-16

$$F = 48 \text{ N}$$

由此可以看出,当 $F < 48$ N 时,$A$、$B$ 间的摩擦力都达不到最大静摩擦力,也就是说,$A$、$B$ 间不会发生相对运动。所以 D 选项正确。

【自我分析】 学科素养与能力是有所区别的,能力既可以是与生俱来的,也可以是后天通过实践形成的;学科素养则是可教、可学的,是初学者通过后天努力学习而获得的。学科素养的发展既是连续性的,也是具有阶段性的,高中教育是学生养成物理学科素养的关键时期。因此,必须要求初学者养成解决物理问题的严密性,特别在本题这种综合性过强的综合性问题中,任何一点的疏忽或大意都会导致"全盘皆输"。避免错误发生的最好方法就是规范解题,每一步的分析和判断都要有依据。如本题中对于摩擦力的分析与判断,一定要注意其随时有可能发生变化,这是静摩擦力和动摩擦力的主要不同,基于此,就有了静摩擦力的"突变",从而产生一系列的临界问题。所以,在外力 $F$ 不确定的情况下,要注意以下三个方面。

(1)遇到摩擦力先分清是静摩擦力还是滑动摩擦力,只有发生相对运动的时候(即打滑的时候)才受到滑动摩擦力。

（2）如果是静摩擦力，其大小是可以变化的，即 $0 < f_静 \leqslant f_m$；如果是滑动摩擦力，一定要注意，其大小只取决于接触面粗糙程度和正压力大小，除此之外与其他因素无关。

（3）静止的物体可以受到滑动摩擦力，比如擦黑板时的黑板、拖地时的地面、溜冰时的冰面，都是静止的但都受到滑动摩擦力，运动的物体也可以受到静摩擦力，比如传送带上的货物。

▲例7　如图 3-17 所示，物块 $a$、$b$ 和 $c$ 的质量相同，$a$ 和 $b$、$b$ 和 $c$ 之间用完全相同的轻弹簧 $S_1$ 和 $S_2$ 相连，通过系在 $a$ 上的细线悬挂于固定点 $O$，整个系统处于静止状态。现将细线剪断，将物块 $a$ 的加速度的大小记为 $a_1$，$S_1$ 和 $S_2$ 相对于原长的伸长分别记为 $\Delta l_1$ 和 $\Delta l_2$，重力加速度大小为 $g$，在剪断的瞬间　　　　　　（　　）

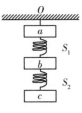

图 3-17

A. $a_1 = 3g$　　　　　　　　B. $a_1 = 0$

C. $\Delta l_1 = 2\Delta l_2$　　　　　　　D. $\Delta l_1 = \Delta l_2$

【错解】　剪断前，分别以物块 $a$、$b$、$c$ 为研究对象，受力分析如图 3-18 所示。根据平衡条件列方程得

$$a : F = F_1 + mg$$
$$b : F_1 = F_2 + mg$$
$$c : F_2 = mg$$

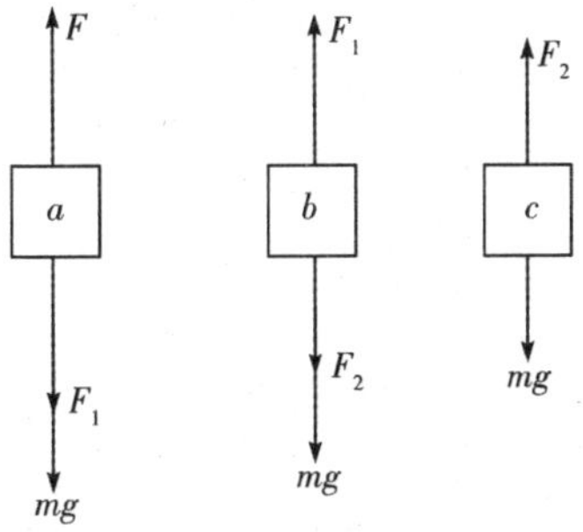

所以

$$F_1 = 2mg$$

其中

$$F_1 = K \cdot \Delta l_1 ; F_2 = K \cdot \Delta l_2$$

所以

$$\Delta l_1 = 2\Delta l_2$$

图 3-18

因为剪短细线的瞬间，物块 $a$、$b$、$c$ 都处于静止状态，所以物块 $a$ 的加速度 $a_1 = 0$，但由于物块 $a$、$b$、$c$ 的相对位置没有发生变化，因此弹簧的形变量保持不变，故 $\Delta l_1 = 2\Delta l_2$。

故选 B、C。

【错解分析】　对"物理模型"认识不明确。本题属于牛顿第二定律运用中的瞬时性问题，是对平衡问题的一种延伸和拓展，一般的求解思维是：先对平衡问题进行受力分析，并列出必要的平衡方程，再对打破平衡后的对象受力分析，列出必要的平衡方程或非平衡方程，最后综合判断并得出结论。但是错解过程本质上仍然是对"物理模型"的认识不明确。

【正确解答】　剪断前，分别以物块 $a$、$b$、$c$ 为研究对象，受力分析如图 3-18 所示，根据平衡条件列方程得

$$a : F = F_1 + mg$$

$$b: F_1 = F_2 + mg$$

$$c: F_2 = mg$$

所以

$$F_1 = 2mg$$

其中

$$F_1 = K \cdot \Delta l_1 \; ; F_2 = K \cdot \Delta l_2$$

所以

$$\Delta l_1 = 2\Delta l_2$$

由于弹簧的弹力不能"突变",形变需要过程,绳的弹力可以"突变",绳断后拉力立即为零。

当绳断后,$b$ 与 $c$ 受力不变,仍然平衡,故 $a = 0$;

对于 $a$,绳断后合力为

$$F_合 = F_1 + mg = 3mg = ma_a$$

$a_a = 3g$,方向竖直向下。故 $A$ 正确,$B$ 错误。

当绳断后,$b$ 与 $c$ 受力不变,则

$$F_1 = K\Delta l_1$$

同时

$$F = K\Delta l_2$$

联立两式得

$$\Delta l_1 = 2\Delta l_2$$

故 $C$ 正确,$D$ 错误。

所以正确答案选 $A$、$C$。

【自我分析】 科学思维是高中物理学科核心素养的基本构成要素之一,主要包括模型建构、科学推理、科学论证、质疑创新等要素。其中,学科思想方法属于科学思维的范畴,用理想化的观点和方法解决实际生活中的问题,就是要将复杂问题简单化,建立起反映研究对象本质和规律的模型——物理模型。物理学习的核心问题就表现在由具体到抽象的"建模过程"和由抽象到具体的"物理模型运用",即利用物理模型规律去分析和解决具体的实际问题,做到见题想型,见型想法,见法得解。虽然对"轻绳"和"轻杆"的讨论前文也做了详细讨论,但是,这里我们仍然要对"轻绳""轻杆"和"轻弹簧"产生弹力的情况加以对比分析,以此引起初学者的重视。

(1)三个模型的相同点。

①"轻":不计质量,不受重力。

②在任何情况下,沿绳、杆和弹簧伸缩方向的张力、弹力处处相等。

(2)三个模型的不同点。

①形变特点：

轻绳:不可以产生弯曲和缩短形变,但可以产生伸长形变。

轻杆:既能产生任意弯曲形变,也能产生伸长和缩短形变。

轻弹簧:可以伸长,也可以缩短,且伸缩形变不能忽略不计。

②施力和受力特点：

轻绳:只能产生和承受沿绳方向的拉力。

轻杆:不仅能产生和承受沿杆方向的拉力和压力,还能产生和承受不沿杆方向的拉力和压力。

轻弹簧:可以产生和承受沿弹簧伸缩方向的拉力和压力。

③力的变化特点：

轻绳:张力的产生、变化或消失不需要时间,具有突变性和瞬时性。

轻杆:拉力和压力的产生、变化或消失不需要时间,具有突变性和瞬时性。

轻弹簧:弹力的产生、变化或消失需要时间(过程),即只能渐变,不具有瞬时性,且在形变保持瞬间,弹力保持不变。(注意:当弹簧的自由端无重物时,形变消失不需要时间)

▲例8 如图3-19所示,水平传送带以 2 m/s 的速度匀速运动,现将一物体轻轻放在传送带上,若物体与传送带间的动摩擦因数为0.5,则传送带将该物体传送10 m 的距离所需时间为多少?

【错解】 以物体为研究对象,在水平方向受到滑动摩擦力。

根据牛顿第二定律得

$$F = ma$$

又因为

$$f = \mu mg = ma$$

所以

图3-19

$$a = \mu g = 5 \text{ m/s}^2$$

由位移公式 $S = \frac{1}{2}at^2$ 可知

$$t = \sqrt{\frac{2S}{a}} = 2 \text{ s}$$

【错解分析】 对"运动过程"的分析不准确。上述解法的错误出在对这一物理过程的认识,传送带上轻放的物体的运动有可能分为两个过程。一是在滑动摩擦力作用下做匀加速直线运动;二是达到与传送带相同速度后,无相对运动,也无摩擦力,物体开始做匀速直线运动。关键问题应分析出什么时候达到传送带的速度,才便于对问题进行解答。

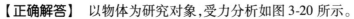
【正确解答】 以物体为研究对象,受力分析如图 3-20 所示。

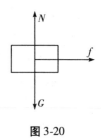

图 3-20

据牛顿第二定律 $F = ma$,有

水平方向: $f = ma$ ①

竖直方向: $N - mg = 0$ ②

$$f = \mu N \quad ③$$

由式①②③解得

$$a = 5 \text{ m/s}^2$$

设经时间 $t_1$,物体速度达到传送带的速度,根据匀加速直线运动的速度公式

$$v_1 = v_0 + at \quad ④$$

解得

$$t_1 = 0.4 \text{ s}$$

时间 $t_1$ 内物体的位移为

$$S_1 = \frac{1}{2}at^2 = 0.4 \text{ m} < 10 \text{ m}$$

物体位移为 0.4 m 时,物体的速度与传送带的速度相同,物体 0.4 s 后无摩擦力,开始做匀速运动,所以有

$$S_2 = v_2 t_2 \quad ⑤$$

其中

$$S_2 = S - S_1 = 9.6 \text{ m}$$

代入式⑤得

$$t_2 = 4.8 \text{ s}$$

则所需总时间为

$$t = t_1 + t_2 = 5.2 \text{ s}$$

【自我分析】 物理学科素养是学生在接受物理教育过程中逐步形成的适应个人终身发展和社会发展需要的必备品格和关键能力,是学生通过物理学习而内化的带有物理学科特性的品质,是学生在学习物理过程中逐步形成的知识积淀、思维品质、能力表现、科学思想以及科学的情感、态度和价值观的综合体现,主要包括以下四个方面:物理观念、科学思维、实验探究、科学态度与责任。但是,物理观念是首要的、必备的素养之一,因为要学习物理我们必须知道物理观念,物理观念是指从物理学视角形成的关于物质、运动与相互作用、能量等的基本认识,是物理概念和规律等在头脑中的提炼和升华。它包括物质观念、运动观念、相互作用观念、能量观念及其应用等要素。然后才有培养和发展的空间,学习物理必须建立一个非常科学而且清晰的"运动观念",比如皮带传送问题是较为复杂的一个动力学问题,往往涉及多个

物理过程。这类问题的难点来源于三个方面：

(1)受力方面：要分析物体与传送带之间是否存在摩擦力,是存在静摩擦力还是滑动摩擦力。(参照易错第1讲例7)

(2)运动方面：要分析物体与传送带之间是相对运动,还是相对静止,是相对传送带向前运动,还是相对传送带向后运动。(如本题中)

(3)能量方面：要判断物体与传送带之间的热量生成。(参照易错第4讲)

因此,传送带问题需要用到多种物理规律进行求解,如运动学公式的选用、牛顿第二定律、动能定理、摩擦生热、能量转化守恒定律等。

【试一试】

1.【2017全国Ⅰ卷21】(多选)如图,柔软轻绳$ON$的一端$O$固定,其中间某点$M$拴一重物,用手拉住绳的另一端$N$,初始时,$OM$竖直且$MN$被拉直,$OM$与$MN$之间的夹角$\alpha\left(\alpha>\dfrac{\pi}{2}\right)$。现将重物向右上方缓慢拉起,并保持夹角$\alpha$不变,在$OM$由竖直被拉到水平的过程中 (    )

A.$MN$上的张力逐渐增大

B.$MN$上的张力先增大后减小

C.$OM$上的张力逐渐增大

D.$OM$上的张力先增大后减小

1题

2.【2017全国Ⅱ卷16】如图,一物块在水平拉力$F$的作用下沿水平桌面做匀速直线运动。若保持$F$的大小不变,而方向与水平面成60°角,物块也恰好做匀速直线运动。物块与桌面间的动摩擦因数为 (    )

A.$2-\sqrt{3}$ 　　　　　　　B.$\dfrac{\sqrt{3}}{6}$

C.$\dfrac{\sqrt{3}}{3}$ 　　　　　　　D.$\dfrac{\sqrt{3}}{2}$

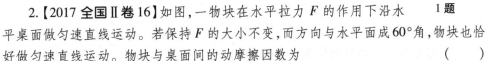

2题

3.【2017全国Ⅲ卷17】一根轻质弹性绳的两端分别固定在水平天花板上相距80 cm的两点上,弹性绳的原长也为80 cm。将一钩码挂在弹性绳的中点,平衡时弹性绳的总长度为100 cm;再将弹性绳的两端缓慢移至天花板上的同一点,则弹性绳的总长度变为(弹性绳的伸长始终处于弹性限度内) (    )

A.86 cm 　　　B.92 cm 　　　C.98 cm 　　　D.104 cm

4.【2017全国Ⅱ卷24】为提高冰球运动员的加速能力,教练员在冰面上与起跑线距离$s_0$和$s_1(s_1<s_0)$处分别设置一个挡板和一面小旗,如图所示。训练时,让运

动员和冰球都位于起跑线上,教练员将冰球以速度 $v_0$ 击出,使冰球在冰面上沿垂直于起跑线的方向滑向挡板;冰球被击出的同时,运动员垂直于起跑线从静止出发滑向小旗。训练要求当冰球到达挡板时,运动员至少到达小旗处。假定运动员在滑行过程中做匀加速运动,冰球到达挡板时的速度为 $v_1$。重力加速度为 $g$。求

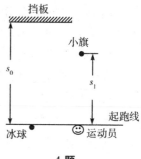

(1)冰球与冰面之间的动摩擦因数;

(2)满足训练要求的运动员的最小加速度。

## 【你犯错了吗】

1. AD  2. C  3. B

4. 解析:(1)对冰球进行分析,根据速度位移公式得

$$v_0^2 - v_1^2 = 2as_0,$$

加速度为

$$a = \frac{v_0^2 - v_1^2}{2s_0}$$

根据牛顿第二定律得

$$a = \mu g$$

解得冰球与冰面之间的动摩擦因数为

$$\mu = \frac{v_1^2 - v_0^2}{2gs_0}$$

(2)根据两者运动时间相等,故有

$$\frac{s_0}{\frac{v_0 + v_1}{2}} = \frac{s_1}{\frac{v_2}{2}}$$

解得运动员到达小旗处的最小速度为

$$v_2 = \frac{s_1(v_0 + v_1)}{s_0}$$

则最小加速度为

$$a' = \frac{s_1(v_0 + v_1)^2}{2s_0^2}$$

# 功和能

## 主要核心内容

1. 功、功率、动能、势能(包括重力势能和弹性势能)等基本概念。
2. 动能定理、重力做功的特点、重力做功与重力势能变化的关系。
3. 机械能守恒定律基本内容及其运用。
4. 各种各样的功能关系。

## 基本思想方法

1. 用矢量分解的方法处理恒力功的计算,这里既可以将力矢量沿平行于物体位移方向和垂直于物体位移方向进行分解,也可以将物体的位移沿平行于力的方向和垂直于力的方向进行分解,从而确定恒力对物体的作用效果。

2. 对于重力势能这种相对物理量,可以通过巧妙地选取零势能面的方法,从而使有关重力势能的计算得以简化。

3. 功能关系是贯穿本章的一条主线,必须时刻注意。

## 典型错题分析

初学者常犯的错误主要表现在:

1. 解决问题的思路过于僵化,如在计算功的问题中,一些初学者一看到要计算功,就只想到 $W = FS\cos\theta$,而不能将思路打开,从 $W = Pt$ 和 $W = \Delta E$ 等多条思路进行考虑。

2. 不注意物理规律的适用条件,导致乱套机械能守恒定律的公式。

3. 不能正确区别"功"和"能"。

▲例1 如图 4-1 所示,光滑斜面体 $A$(质量为 $M$)上有一个光滑小物块 $B$(质量为 $m$),在光滑水平面上处于静止状态,释放小物块 $B$,小物块斜面下滑的过程中,关于斜面对小物块的作用

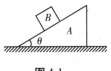

图4-1

力的说法中正确的是 ( )

    A. 垂直于接触面,做功为零        B. 垂直于接触面,做功不为零

    C. 不垂直于接触面,做功为零      D. 不垂直于接触面,做功不为零

【错解】 以物块为研究对象,斜面对小物块的作用力是支持力,与斜面垂直,所以支持力不做功。故 A 选项正确。

【错解分析】 "貌似神离"掉陷阱。斜面固定时,物体沿斜面下滑时,支持力做功为零。受这一物理过程的影响,初学者最容易选 A。这反映出对力做功的本质不太理解,没有从求功的根本方法来思考,是对物理概念的认识上"先入为主"形成的典型错因。

【正确解答】 由于地面光滑,物块与斜面体构成的系统在水平方向不受外力,在水平方向上,系统动量守恒。初始状态时,系统水平方向动量为零,当物块有水平向左的动量时,斜面体必有水平向右的动量。由于 $m < M$,则斜面体水平位移大于物块水平位移。根据力和位移关系可以确定支持力与物块位移夹角大于 $90°$,则斜面对物块做负功。应选 B。

【自我分析】 物理概念是从大量的物理事实(实验结果)及逻辑思维结果概括、抽象出来的,是反映物理本质属性和共同特征的一种科学抽象。它是构建物理学理论体系的基本要素,是组织物理学领域的重要基础。物理概念既是对物质结构及其运动规律认识的一种结晶,又是解决物理问题的基础和出发点。物理思维只有借助于概念才能提高推理和判断能力,才能深刻揭露物理现象和物理过程的本质和规律。物理概念不同于物理规律,它既是"物理大厦"的"砖石"或物理学的"细胞",又是把物理世界的数学描述、物理现象的本质特征以及物理实验联系起来的纽带。可以说,物理概念是物理学的精髓,所以,学习物理首先是对物理概念的理解,对概念理解的深度决定了学习物理的高度。比如本题中涉及的"功"的概念,是贯穿本讲内容的核心概念。"功"是力的空间积累效应,判断一个力是否做功、做正功还是负功的一般方法有以下四点:

①根据力和位移方向的夹角判断。此法常用于判断恒力做的功,由功的定义式 $W = F \cdot s \cos \theta$,当 $\alpha = 90°$,即力和作用点的位移方向垂直时,力做的功为零。

②根据力和瞬时速度方向的夹角判断。此法常用于判断质点做曲线运动时力做功的情况,当力的方向和瞬时速度方向垂直时,力不做功。

③根据物体或系统能量是否变化,彼此是否有能量的转移或转化进行判断。若有能量的变化,或系统内各物体间彼此有能量的转移或转化,则必定有力做功。

④以正负功的物理意义为依据,从阻碍运动还是推动运动入手分析,阻碍物体运动的是阻力,阻力对物体做负功;推动物体运动是动力,动力做正功;对物体运动既不起阻碍作用,也不起推动作用,不做功。此法关键是分析出某力是动力还是阻力。

▲**例2** 从地面以 10 m/s 的初速度竖直向上抛出一物体,当物体上升的高度是 8 m 时,又返回地面。如果物体在运动过程中所受阻力的大小不变,则物体在离地面多高处,物体的动能与重力势能相等?($g = 10$ m/s²)

【**错解**】 以物体为研究对象,画出运动示意图4-2,设物体上升到 $h$ 高处时动能与重力势能相等,则

$$\frac{1}{2}mv^2 = mgh \quad ①$$

在此过程中,重力和阻力做负功,依据动能定理有

$$-(mg+f)h = \frac{1}{2}mv^2 - \frac{1}{2}mv_0^2 \quad ②$$

物体上升的最大高度为 $H$,则

$$-(mg+f)H = -\frac{1}{2}mv_0^2 \quad ③$$

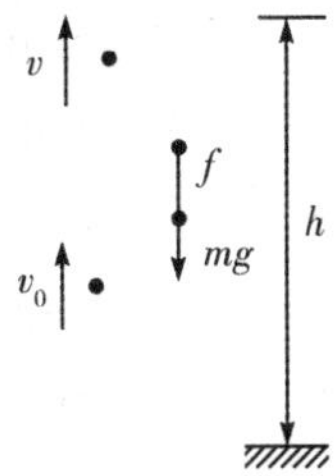

联立式①~③解得

$$h = 0.63 \text{ m}$$

图 4-2

【**错解分析**】 初看似乎没有任何问题,仔细审题"物体在离地面多高处,物体动能与重力势相等",一般思维首先是将问题变形为上升过程中什么位置动能与重力势能相等,但实际上,下落过程中也有一处动能与重力势能相等。实际教学中还发现,大部分初学者在列方程时,把功能关系中的"功"和"能"混为一谈是常见错误,这里不再赘述。

【**正确解答**】 上升过程中的解法同错解。

设物体下落过程中经过距地面 $h'$ 处动能等于重力势能,则有

$$\frac{1}{2}mv'^2 = mgh' \quad ①$$

根据动能定理,上升过程中有

$$(mg+f)H = \frac{1}{2}mv_0^2 \quad ②$$

下降过程中有

$$(mg-f)(H-h') = \frac{1}{2}mv'^2 \quad ③$$

联立式①~③解得

$$h' = 0.36 \text{ m}$$

【**自我分析**】 什么是核心素养? 一言以蔽之,必备知识、关键能力、价值观的融合和表现就是核心素养,这一点在近几年的高考试题已经体现得淋漓尽致。初学者应在平时学习的过程中自主总结归纳,特别是在有附加条件时,应用不同的物理规律解决物理问题,从而获得正确的思维方式和思想方法。例如本题是一个较为复杂

的单体多过程问题,要想不出现错误,比较好的方法就是逐段分析法,也就是说将物体运动的全部过程划分为若干个子过程,在每一个子过程中通过受力分析来判断运用什么规律;如果涉及力做功的问题,就要考虑以下内容:因为功是一个过程量,我们说力对物体做什么功,必须说明是在哪个过程中,否则属于表述不严谨,当然,我们列方程计算时更要说明是哪一个过程。实际上功和能的关系有以下三层含义:

(1)做功的过程就是能量转化的过程。

(2)做功的多少决定了能的转化的数量,即功是能量转化的量度。

(3)常见力做功与对应的能的关系。

| 常见的几种力做功 | | 能量关系 | | 数量关系式 |
|---|---|---|---|---|
| 力的种类 | 做功的正负 | 对应的能量 | 变化情况 | |
| ①重力 $mg$ | + | 重力势能 $E_P$ | 减小 | $mgh = -\Delta E_P$ |
| | − | | 增加 | |
| ②弹簧的弹力 $kx$ | + | 弹性势能 $E_{弹性}$ | 减小 | $W_{弹} = -\Delta E_{弹性}$ |
| | − | | 增加 | |
| ③分子力 $F_{分子}$ | + | 分子势能 $E_{分子}$ | 减小 | $W_{分子力} = -\Delta E_{分子}$ |
| | − | | 增加 | |
| ④电场力 $Eq$ | + | 电势能 $E_{电势}$ | 减小 | $qU = -\Delta E_{电势}$ |
| | − | | 增加 | |
| ⑤滑动摩擦力 $f$ | − | 内能 $Q$ | 增加 | $fs_{相对} = Q$ |
| ⑥感应电流的安培力 $F_{安培}$ | − | 电能 $E_{电}$ | 增加 | $W_{安培力} = \Delta E_{电}$ |
| ⑦合力 $F_{合}$ | + | 动能 $E_k$ | 增加 | $W_{合} = \Delta E_k$ |
| | − | | 减小 | |
| ⑧重力以外的力 $F$ | + | 机械能 $E_{机械}$ | 增加 | $W_F = \Delta E_{机械}$ |

注:功是一种过程量,它和一段位移(一段时间)相对应;而能是一种状态量,它与一个时刻相对应。两者的单位是相同的(都是J),但绝对不能说功就是能,也不能说"功变成了能"。

▲例3 下列说法正确的是 ( )

A.合外力对质点做功为零,则质点的动能、动量都不变

B.合外力对质点的冲量不为零,则质点动量必将改变,动能也一定变

C.某质点受到的合力不为零,其动量、动能都改变

D.某质点的动量、动能都改变,它所受到的合外力一定不为零

【错解】 错解一:因为合外力对质点做功为零,依据功能定理有 $\Delta E_A = 0$,因为动能不变,所以速度 $v$ 不变,由此可知动量不变。故 A 正确。

错解二:由于合外力对质点的冲量不为零,则质点动量必将改变,$v$ 改变,动能也就改变。故 B 正确。

【错解分析】 对动能和动量的矢标性不理解,对矢量的变化的理解也出现偏差。动量是矢量,矢量发生变化时,可以是大小改变,方向不变;也可能是大小不改变,方向改变;还有可能是大小和方向都改变,这时候变化量都不为零。而动能则不同,动能是标量,变化就一定是大小改变。

【正确解答】 因为合外力做功为零,根据动能定理有 $\Delta E_k = 0$,动能没有变化,说明速度的大小无变化,但不能确定速度方向是否变化,也就不能推断出动量的变化量是否为零。合外力对质点的冲量不为零,根据动量定理可知动量一定改变,这既可能是速度大小改变,也可能是速度方向改变。若是速度方向改变,则动能不变,故 A、B 错。同理,C 选项中合外力不为零,即是动量发生变化,但动能不一定改变,故 C 选项错。D 选项中动量、动能改变,根据动量定量,冲量一定不为零,即合外力不为零。故 D 正确。

【自我分析】 一般情况,对于全盘肯定或全盘否定的判断,只要找出一个反例即可说明正确与否,而从正面证明它是正确的就要有充分的论据。同时要注意:

(1)冲量是力的时间积累效应,与物体运动与否没有关系,当然与力是否做功也没有关系;功是力的空间积累效应,力在做功的过程中,力一定产生冲量。

(2)动能是标量,其大小的变化决定于速度大小的变化;而动量是矢量,其变化可以由速度大小的变化引起,也可以由速度的方向变化引起。

▲例4 一小孩的质量为 $m$,从高为 $h$ 倾角为 $\alpha$ 的光滑滑梯上由静止开始下滑,当物体滑至滑梯底端时,重力做功的瞬时功率为 　　　　　　　　　　　（　　　）

A. $mg \cdot \sqrt{2gh}$ 　　　　　　　　　　B. $\dfrac{1}{2}mg\sin\alpha \cdot \sqrt{2gh}$

C. $mg \cdot \sqrt{2gh} \cdot \sin\alpha$ 　　　　　　　D. $mg \cdot \sqrt{2gh\sin\alpha}$

【错解】 错解一:以小孩为研究对象,只有重力做功,所以机械能守恒。设底端势能为零,则有

$$mgh = \frac{1}{2}mv^2$$

小孩滑至底端速度为

$$v = \sqrt{2gh}$$

根据瞬时功率 $P = Fv$,则有

$$P = mg\sqrt{2gh}$$

故选 A。

错解二:以小孩为研究对象,由于沿斜面向下做 $v_0 = 0$ 的匀加速运动,故有 $a = g\sin\alpha$。

设滑到底的时间为 $t$，由于 $L = \dfrac{h}{\sin \alpha}$

则有

$$\frac{h}{\sin \alpha} = \frac{1}{2}at^2$$

解得

$$t = \sqrt{\frac{2h}{g\sin^2\theta}}$$

所以重力的功率为

$$P = \frac{W}{t} = \frac{1}{2}mg \cdot \sqrt{2gh}\sin \alpha$$

故选 B。

注意：夹角 $\theta$ 指的是在图 4-3 中的 $90° - \alpha$ 而不是 $\alpha$。

**【错解分析】** "概念不清"闹别扭。错解一出错的原因是没有注意到瞬时功率 $P = Fv\cos \theta$ 中，只有 $Fv$ 同向时，瞬时功率才能等于 $Fv$，而本题中重力与瞬时速度 $v$ 不是同方向，所以瞬时功率应注意乘以 $F$ 与 $v$ 夹角的余弦值。

错解二中出错主要是对瞬时功率和平均功率的概念不清楚，将平均功率当成瞬时功率。

**【正确解答】** 以小孩为研究对象，由于滑梯光滑，小孩下滑过程中只有重力做功，根据机械能守恒定律得

$$mgh = \frac{1}{2}mv^2$$

所以滑至底端时的瞬时速度为

$$v = \sqrt{2gh}$$

根据瞬时功率

$$P = Fv\cos \theta$$

则滑至底端的瞬时功率为

$$P = mg\sin \alpha \sqrt{2gh}$$

故 C 选项正确。

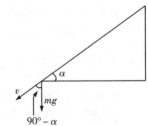

图 4-3

**【自我分析】** "科学思维"作为物理的核心素养，是中学物理学习的任务之一，重点是培养我们的科学思维能力，而实际学习的过程中，大多数初学者重视结论的应用，轻视结论的思维过程。例如本题求解功率问题，首先，应注意求解的是瞬时功率还是平均功率，如果求瞬时值功率，应注意普遍式 $P = Fv \cdot \cos \theta$（$\theta$ 为 $F$ 与 $v$ 的夹角）及其来历，推导公式的过程实际上就是科学思维的过程，当 $F$ 与 $v$ 有夹角时，应注意从图中寻找 $\cos \theta$ 的意义，以防出错，如图 4-3 所示。但是大多数初学者却不知

道这一结论的来龙去脉,不知道结论的推导过程。其次,通过公式的推导还能注意到:一般情况下 $P = Fv \cdot \cos\theta$ 中的 $F$ 也必须是恒力。

▲例5 如图4-4所示,质量为 $M$ 的木块 $A$ 放在光滑水平面上,现有一质量为 $m$ 的子弹以速度 $v_0$ 射入木块中。设子弹在木块中所受阻力不变,大小为 $f$,且子弹未射穿木块。若子弹射入木块的深度为 $D$,则木块向前移动的距离是多少?系统损失的机械能是多少?

【错解】 (1)以木块和子弹组成的系统为研究对象。系统沿水平方向不受外力,所以沿水平方向动量守恒。设子弹和木块共同速度为 $v$。

根据动量守恒有

$$mv_0 = (M + m)v$$

子弹射入木块的过程中,摩擦力对子弹做负功,则

$$-f \cdot D = \frac{1}{2}mv^2 - \frac{1}{2}mv_0^2 \quad ①$$

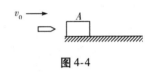

图4-4

摩擦力对木块做正功,则

$$f \cdot s = \frac{1}{2}Mv^2 \quad ②$$

将式①代入式②中求得

$$f = \frac{\frac{1}{2}mv_0^2 - \frac{1}{2}mv^2}{D}$$

解得

$$S = \frac{D}{M + 2m}$$

(2)系统损失的机械能即为子弹损失的动能。

$$\begin{aligned}
\Delta E_k &= \frac{1}{2}mv_0^2 - \frac{1}{2}mv^2 \\
&= \frac{1}{2}mv_0^2 - \frac{1}{2}m\left(\frac{mv_0}{Mtm}\right)^2 \\
&= \frac{1}{2}mv_0^2\left(1 - \frac{m^2}{(M+m)^2}\right) \\
&= \frac{Mmv_0^2(2m+M)}{2(M+m)^2} \quad ③
\end{aligned}$$

【错解分析】 错解一:对参照系的选择不清楚。式①错误的原因是对摩擦力对子弹做功的位移确定错误。子弹对地面的位移并不是 $D$,而 $D$ 表示子弹打入木块的深度,是子弹的相对位移。而求解功中的位移都要用对地位移。

错解二:对过程中能量的转换不清楚。式③的错误是子弹打入木块的过程中,

子弹动能减少并不等于系统机械能减少量。因为子弹减少的动能有一部分转化为木块的动能，有一部分转化为焦耳热。

【正确解答】 以子弹、木块组成系统为研究对象，取 $v_0$ 方向为正，根据动量守恒定律，有

$$mv_0 = (M+m)v$$

$$v = \frac{m}{M+m}v_0$$

子弹打入木块到与木块有相同速度的过程中，摩擦力做功。

以子弹为研究对象，根据动能定理得

$$-f \cdot s_{子} = \frac{1}{2}mv^2 - \frac{1}{2}mv_0^2 \quad ①$$

以木块为研究对象，根据动能定理得

$$fs_{木} = \frac{1}{2}Mv^2 \quad ②$$

画出子弹与木块的运动示意图，如图 4-5 所示。
由图可知

$$s_{木} = s_{子} - D \quad ③$$

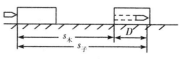

图 4-5

由式①②③解得

$$s_{木} = \frac{mD}{M+m}$$

如果将上述①②两式相加，得

$$\frac{1}{2}(M+m)v^2 - \frac{1}{2}mv_0^2 = -f(s_{子} - s_{木})$$

又因为

$$s_{子} - s_{木} = D$$

所以有

$$\frac{1}{2}(M+m)v^2 - \frac{1}{2}mv_0^2 = -fD$$

即

$$fD = \frac{1}{2}mv_0^2 - \frac{1}{2}(M+m)v^2$$

$$\Delta E_k = f S_{相} = fD = \frac{1}{2}mv_0^2 - \frac{1}{2}(M+m) \cdot \frac{m^2v_0^2}{(M+m)^2} = \frac{m^2v_0^2}{2(M+m)}$$

【自我分析】 "知识和技能""过程和方法""情感、态度和价值观"是密不可分的有机整体。"知识与技能"是基础性学习目标，重在智能的提升，"情感、态度与价值观"是终极性学习目标，重在人格的塑造，"过程与方法"是关键性学习目标，是

"知识与技能""情感、态度与价值观"达成的途径。"知识与技能"是学习物理的载体,"情感、态度与价值观"是学习物理的动力,"过程与方法"是分析物理问题的策略。在分析"子弹打木块"问题过程中,子弹的速度在逐渐减小,同时木块的速度由零逐渐增加,对于这样的一个过程,如果其间的相互作用力为恒力,我们可以从牛顿运动定律(即 $f$ 使子弹和木块产生加速度,使它们速度发生变化),也可以从能量观点或动量观点等不同的思路进行研究和分析,但是相对而言后两种观点比较简单。但必须注意:

(1)如果运用牛顿运动定律求解,子弹与木块之间的作用力必须是恒力。

(2)如果运用能量守恒定律求解,内能 $\Delta E = W = f \cdot S_{相}$ 中的 $S_{相}$ 一定指的是子弹与木块发生的相对位移。

(3)如果运用动能定理求解,$W = FS$ 中的 $S$ 一定是对地位移。

(4)如果运用动量观点求解,子弹射入木块的过程必须是在瞬间完成,只有这样才能认为子弹与木块相互作用的内力远大于外力,从而满足动量守恒定律的条件。

▲**例6** 小汽车已经能成为现代社会最为方便的交通工具,小汽车沿水平轨道开始启动,经过时间 $t$,其速度由 0 增大到 $v$。如果小汽车总质量为 $M$,启动过程中司机保持发动机功率 $P$ 不变,小汽车所受阻力 $f$ 为恒力。这段时间内汽车通过的路程为多少?

【错解】 以汽车为研究对象,水平方向受牵引力和阻力 $f$。

根据 $P = F \cdot v$ 可知牵引力为

$$F = \frac{P}{v} \quad ①$$

设汽车通过的路程为 $s$,据动能定理有

$$(F - f)s = \frac{1}{2}Mv^2 \quad ②$$

将式①代入式②解得

$$s = \frac{Mv^3}{2(P - fv)}$$

【错解分析】 对 $P = F \cdot v$ 的公式中字母表示的物理意义不理解。不理解的原因是在分析汽车的两种启动方式时,$P$ 可以是汽车发动机的实际功率,也可以是额定功率;$F$ 是指汽车的牵引力,可以是恒力,也可以是变力。这样的话,实际上汽车在启动时,可以在 $P$ 一定的情况下启动,随着 $v$ 的增大,$F$ 是减小的;同样也可以在 $F$ 一定的情况下启动,随着 $v$ 的增大,$P$ 是增大的,而 $F$ 是减小的。

【正确解答】 以汽车为研究对象,汽车水平方向受牵引力和阻力 $f$。

设汽车通过的路程为 $s$,根据动能定理有

$$W_F - W_f = \frac{1}{2}Mv^2 - 0 \quad ①$$

因为汽车的功率一定,依据 $P = \dfrac{W}{t}$ 可知,牵引力的功率为

$$W_F = Pt$$

$$Pt - fs = \frac{1}{2}Mv^2$$

解得

$$S = \frac{Pt - \dfrac{1}{2}Mv^2}{f}$$

**【自我分析】** 基于新课程三维目标中"知识与技能 4. 关注物理学与其他学科之间的联系,知道一些与物理学相关的应用领域,能尝试运用有关的物理知识和技能解释一些自然现象和生活中的问题"与"情感、态度与价值观 2. 有参与科技活动的热情,有将物理知识应用于生活和生产实践的意识,勇于探究与日常生活有关的物理学问题"的认识和理解,必须对汽车的两种启动方式进行深刻理解。

(1)恒定功率启动:(输出功率一定)

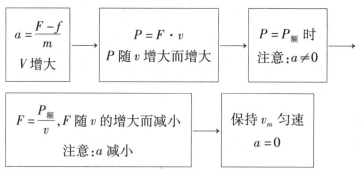

用 $v-t$ 图象表示恒定功率启动的过程,如图 4-6(a)所示。

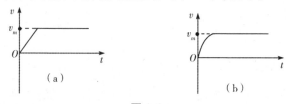

**图 4-6**

(2)以恒定加速度启动:(加速度不变、牵引力不变)

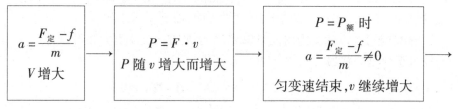

用 $v-t$ 图象表示恒定功率启动的过程,如图 4-6(b)所示。

注意:在匀加速启动过程中,应该明确匀变速运动结束的特点,此特点是功率达到了额定功率,但此时的速度不是最大,还要继续增大,根据匀变速直线运动过程符合的运动学公式,可以求出匀变速运动的时间。不论在恒定功率启动还是匀变速启动,当牵引力和阻力相等时,速度达到了最大,所以一旦遇到这样的问题时,就应该知道牵引力和阻力相等时速度最大。

▲**例 7**　质量分别为 $m$ 和 $2m$ 的两个小球 $A$ 和 $B$,中间用轻质杆相连,在杆的中点 $O$ 处有一固定转动轴,如图 4-7 所示,将杆拉至水平位置后由静止释放,在 $B$ 球顺时针摆动到最低位置的过程中,如下选项正确的是　　　　　　　　　　（　　）

A. $B$ 球的重力势能减少,动能增加,$B$ 球和地球组成的系统机械能守恒

B. $A$ 球的重力势能增加,动能也增加,$A$ 球和地球组成的系统机械能不守恒

C. $A$ 球、$B$ 球和地球组成的系统机械能守恒

D. $A$ 球、$B$ 球和地球组成的系统机械能不守恒

**【错解】**　以 $B$ 球为研究对象,下摆过程中受重力、杆的弹力作用。由于弹力不做功,只有重力做功,所以 $B$ 球重力势能减少,动能增加,机械能守恒,A 选项正确。

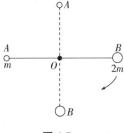

图 4-7

同样道理,$A$ 球的机械能守恒,B 错误,因为 $A$、$B$ 系统外力只有重力做功,系统机械能守恒。故 C 选项正确。

**【错解分析】**　"先入为主"想当然,对"轻杆"和"轻绳"的模型认识不明确。本题属于机械能守恒定律的运用问题,在 $B$ 球摆到最低位置的过程中,重力势能减少而动能确实增加,但不能由此确定 $B$ 球机械能守恒。错解中认为杆施加的弹力就沿杆的方向,这是造成错解的直接原因。"轻杆"产生弹力的方向并不总指向沿杆的方向,这是因为"轻杆"既能由于"伸缩"形变而产生弹力,也能由"弯曲"形变而产生弹力,如果"轻杆"由于"弯曲"形变而产生了弹力,则在转动过程中对 $A$、$B$ 球都要做功。所以,本题中杆对 $A$、$B$ 球施加的力都做功,$A$ 球、$B$ 球单独的机械能都不守恒,但 $A$、$B$ 整体机械能守恒。

**【正确解答】**　$B$ 球从水平位置下摆到最低点的过程中,受重力和杆的作用力,杆的作用力方向待定。下摆过程中,重力势能减少动能增加,但机械能是否守恒不确定。$A$ 球在 $B$ 球下摆过程中,重力势能增加,动能增加,机械能增加。由于 $A$、$B$ 两

球组成的系统中只有重力做功,系统机械能守恒,A 球机械能增加,B 球机械能一定减少。所以 B、C 选项正确。

**【自我分析】** 物理学科思维是从物理学视角认识客观事物的本质属性、内在规律及相互关系的方式;是基于经验事实建构理想模型的抽象概括过程;是分析综合、推理论证等科学思维方法的内化。通过高中阶段的物理学习,我们应具有建构理想模型的意识和能力;能从定性和定量两个方面进行科学推理,找出规律,形成结论,并能解释自然现象和解决实际问题;具有使用科学证据的意识和评估科学证据的能力,能运用证据对研究的问题进行描述、解释和预测;具有批判性思维,能基于证据大胆质疑,从不同角度思考问题,追求知识运用中的创新。例如,在"轻杆"产生的弹力做功问题的分析与判断中,有些问题中杆施力是沿杆方向的,但不能由此认为只

要杆施力就都沿杆方向。"轻杆"与"轻绳"的主要区别就是杆能发生弯曲形变,而绳子不能。本题中 A、B 球绕 O 点转动,杆施力有切向力(弯曲形变),也有法向力(伸缩形变),如图 4-8 所示,其中法向力 $F_A$ 与 $F_B$ 不做功,只有 $F_1$ 对 B 球施加的力对 B 球做负功。杆对 A 球施加的 $F_1'$ 做功为正值。A 球机械能增加,B 球机械能减少,但是多数初学者想不到这一点。(可参照易错第 3 讲例 7)

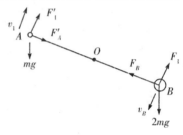

图 4-8

其实对于一个系统而言,机械能守恒的判断还可以从能量的转化方面去分析,其方法更加便捷,比如本题中,由于能量的转化只发生在动能和势能之间,而没有出现其他形式的能量,故系统的总机械能一定守恒。那么,由于 A 的动能和势能都是增加的,故 A 的机械能增加,则 B 的动能和势能之和减少。其实,机械能守恒定律是能量守恒定律的特例。

我们可以从两个角度理解:

(1)在系统内,动能的增加(减少)来源于势能的减少(增加),体现的是"变"的思想;在系统内机械能总量保持"不变",体现的物理思想是"状态 = 状态",这种"变"与"不变"的统一构成了"守恒",即"守恒"是一个动态的变化过程。

(2)判断机械能是否守恒,要看两个方面:①系统中除重力(或弹力)以外的力是否对系统做功,除重力(或弹力)以外的力对系统做正功,系统的机械能就增加;做负功,系统的机械能减少;不做功,系统的机械能就不变。②系统间的相互作用力做功,不能使其他形式的能与机械能的转换。为了便于初学者分析,我们不妨将问题归纳为四种类型,以飨读者。

a.轻绳连体类:这一类问题,系统除重力以外的其他力对系统不做功,系统内部

的相互作用力是轻绳的拉力,而拉力只是使系统内部的机械能在相互作用的两个物体之间进行等量的转换,并没有其他形式的能参与机械能的转换,所以系统的机械能守恒。

b.轻杆连体类:这一类问题,系统除重力以外的其他力对系统不做功,物体的重力做功不会改变系统的机械能,系统内部的相互作用力是轻杆的弹力,而弹力只是使系统内部的机械能在相互作用的两个物体之间进行等量的转换,并没有其他形式的能参与机械能的转换,所以系统的机械能守恒。

c.在水平面上可以自由移动的光滑圆弧(斜面)类:光滑的圆弧放在光滑的水平面上,不受任何水平外力的作用,物体在光滑的圆弧上滑动,这一类的题目也符合系统机械能守恒的外部条件和内部条件。

d.悬点在水平面上可以自由移动的摆动类:悬挂小球的细绳系在一个不受任何水平外力的物体上,当小球摆动时,物体能在水平面内自由移动,这一类题目和在水平面内自由移动的光滑圆弧类形异而质同,同样符合系统机械能守恒的外部条件和内部条件。

【试一试】

1.【2018全国Ⅰ卷18】如图,$abc$ 是竖直面内的光滑固定轨道,$ab$ 水平,长度为 $2R$;$bc$ 是半径为 $R$ 的四分之一圆弧,与 $ab$ 相切于 $b$ 点。一质量为 $m$ 的小球,始终受到与重力大小相等的水平外力的作用,自 $a$ 点处从静止开始向右运动,重力加速度大小为 $g$。小球从 $a$ 点开始运动到其轨迹最高点,机械能的增量为　　（　　）

1题

　　A.$2mgR$　　　　　　　　　　B.$4mgR$

　　C.$5mgR$　　　　　　　　　　D.$6mgR$

2.【2017全国Ⅱ卷14】如图,一光滑大圆环固定在桌面上,环面位于竖直平面内,在大圆环上套着一个小环,小环由大圆环的最高点从静止开始下滑,在小环下滑的过程中,大圆环对它的作用力　　　　　　　　　　　　（　　）

　　A.一直不做功

　　B.一直做正功

　　C.始终指向大圆环圆心

　　D.始终背离大圆环圆心

2题

3.【2017 **全国Ⅲ卷**16】如图,一质量为 $m$,长度为 $l$ 的均匀柔软细绳 $PQ$ 竖直悬挂。用外力将绳的下端 $Q$ 缓慢地竖直向上拉起至 $M$ 点,$M$ 点与绳的上端 $P$ 相距 $\frac{1}{3}l$。重力加速度大小为 $g$。在此过程中,外力做的功为

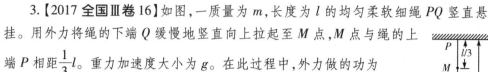

( )

 A. $\frac{1}{9}mgl$         B. $\frac{1}{6}mgl$

 C. $\frac{1}{3}mgl$         D. $\frac{1}{2}mgl$

**3 题**

4.【2018 **全国Ⅱ卷**14】如图,某同学用绳子拉动木箱,使它从静止开始沿粗糙水平路面运动至具有某一速度。木箱获得的动能一定      ( )

 A. 小于拉力所做的功

 B. 等于拉力所做的功

 C. 等于克服摩擦力所做的功

 D. 大于克服摩擦力所做的功

**4 题**

5.【2017 **全国Ⅰ卷**24】一质量为 $8.00 \times 10^4$ kg 的太空飞船从其飞行轨道返回地面。飞船在离地面高度 $1.60 \times 10^5$ m 处以 $7.5 \times 10^3$ m/s 的速度进入大气层,逐渐减慢至速度为 100 m/s 时下落到地面。取地面为重力势能零点,在飞船下落过程中,重力加速度可视为常量,大小取 9.8 m/s$^2$。(结果保留 2 位有效数字)

 (1)分别求出该飞船着地前瞬间的机械能和它进入大气层时的机械能;

 (2)求飞船从离地面高度 600 m 处至着地前瞬间的过程中克服阻力所做的功,已知飞船在该处的速度大小是其进入大气层时速度大小的 2.0%。

**【你犯错了吗】**

1. C   2. A   3. A   4. A

5. 解析:(1)飞船着地前瞬间的机械能为

$$E_{kh} = \frac{1}{2}mv_0^2 \quad ①$$

式①中,$m$ 和 $v_0$ 分别是飞船的质量和着地前瞬间的速率。

由式①和题干给出的数据可得

$$E_{kp} = 4.0 \times 10^8 \text{ J} \quad ②$$

设地面附近的重力加速度大小为 $g$，飞船进入大气层时的机械能为

$$E_h = \frac{1}{2}mv_h^2 + mgh' \quad ③$$

式中，$v_h$ 是飞船在高度 $1.6 \times 10^5$ m 处速度的大小。

由式③和题干给出的数据可得

$$E = 2.4 \times 10^{12} \text{ J} \quad ④$$

（2）飞船在高度 $h' = 600$ m 处的机械能为

$$E_{h'} = \frac{1}{2}m\left(\frac{2}{100}v_h\right)^2 - mgh' \quad ⑤$$

由功能原理得

$$W = E_{h'} - E_{k0} \quad ⑥$$

式中，$W$ 是飞船从高度 600 m 处至着地瞬间的过程中克服阻力所做的功。

由式②⑤⑥和题干给出的数据得

$$W = 9.7 \times 10^8 \text{ J} \quad ⑦$$

# 恒定电流

## 主要核心内容

1. 电流(产生持续电流的条件)、电阻、电压、电动势、内电阻、路端电压、电功、电功率等基本概念。

2. 串、并联电路的结构和特点,利用串联电路的分压作用和并联电路的分流作用进行电表的改装。

3. 欧姆定律、电阻定律、焦耳定律以及闭合电路的欧姆定律。

## 基本思想方法

1. 运用电路分析法画出等效电路图,掌握电路在不同连接方式下的结构特点,进而分析能量分配关系是最重要的方法。

2. 注意纯电阻电路与非纯电阻电路的区别与联系。

3. 学会熟练运用逻辑推理方法,定性分析局部电路与整体电路的关系。

4. 本章内容是进行电学实验的基础和前提。

## 典型错题分析

初学者常犯的错误主要表现在:

1. 不能对电路进行分析就照搬旧有的解题套路,乱套公式。

2. 逻辑推理时,不能逐级展开分析与讨论,特别对电路不做任何"等效"处理,企图走捷径,造成思维"短路"。

3. 对含有电容器的电路问题不会分析电容器对电路结构的影响。

4. 不会对动态变化过程进行分析,不明确电路问题的"变"与"不变"。

5. 不能将能的转化和守恒定律融入电路问题。

▲**例1**　如图 5-1 所示电路,已知电源电动势 $\varepsilon = 6$ V,内电阻 $r = 1$ Ω,固定电阻 $R_1 = 2$ Ω、$R_2 = 3$ Ω,$R_3$ 是阻值为 5 Ω 的滑动变阻器。按下开关 $K$,调节滑动变阻器

的触点,求通过电源电流的范围。

【错解】 将滑动触头滑至左端,$R_3$ 与 $R_1$ 串联再与 $R_2$ 并联,外电阻为

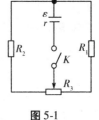

$$R = \frac{(R_1 + R_2)R_2}{R_1 + R_2 + R_3} = 1.5 \ \Omega$$

$$I = \frac{\varepsilon}{R + r} = 6.4 \ A$$

再将滑动触头滑至右端,$R_3$ 与 $R_2$ 串联再与 $R_1$ 并联,外电阻为

$$R' = \frac{(R_2 + R_3)R_1}{R_1 + R_2 + R_3} = 1.6 \ \Omega$$

图 5-1

$$I'_m = \frac{\varepsilon}{R' + r} = 2.3 \ A$$

故电流的取值范围 2.3 ~ 6.4 A。

【错解分析】 "思维定势"闹别扭。因为在平时的实验中,常常用滑动变阻器作为限流使用(滑动变阻器与用电器串联)当滑动触头移到两端时,通过电器的电流将会是最大或最小,以至于给我们一种思维定式:不分析具体电路,只要电路中有滑动变阻器,滑动头在它的两头,通过的电流是最大或最小。

【正确解答】 首先将图 5-1 所示电路化简成图 5-2 所示电路。

外电路的结构是 $R'$ 与 $R_2$ 串联、$(R_3 - R')$ 与 $R_1$ 串联,然后这两个串联电阻并联。要使通过电路中的电流最大,外电阻应当最小,要使通过电源的电流最小,此时外电阻应当最大。

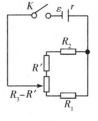

再设 $R_3$ 中与 $R_2$ 串联的那部分电阻为 $R'$,外电阻 $R$ 可表示为

$$R = \frac{(R' + R_2)(R_3 - R' + R_1)}{R' + R_2 + R_3 - R' + R_1}$$

图 5-2

因为两数之和为定值,两数相等时其积最大,两数差值越大其积越小。

当 $R_2 + R' = R_1 + R_3 - R'$ 时,$R$ 最大,当 $R' = 2 \ \Omega$ 时,$R'_{max} = 2 \ \Omega$。

因为 $R_1 = 2 \ \Omega < R_2 = 3 \ \Omega$,所以,当变阻器滑动到靠近 $R_1$ 端点时,两部分电阻差值最大,此时外电阻 $R$ 最小。

$$R'_{min} = \frac{(R_2 + R_3)R_1}{R_1 + R_2 + R_3} = 1.6 \ \Omega$$

由闭合电路欧姆定律可得

$$I_{min} = \frac{\varepsilon}{R + r} = 2 \ A$$

$$I'_{max} = \frac{\varepsilon}{R' + r} = 2.3 \ A$$

故通过电源的电流范围是 2 ~ 2.3 A。

【自我分析】 随着新课程改革的深入,物理学习逐步以学科知识结构为核心的传统课程标准体系逐渐向以个人终身发展、终身学习为主体的核心素养模型转化,而不是向物理学习的程式化推进。基于此,我们应该认识到电路问题本质是能量分配问题,不同的电路结构对应着不同的能量分配状态。电路分析的重要性犹如力学中的受力分析。画出不同状态下的电路图,运用电阻串、并联的结构和特点,求出总电阻的阻值或阻值变化表达式,这也是解决电路问题的突破口。而对于电路的简化,通常注意以下两点:

(1)化简原则:

①无电流的支路化简时可去除;

②等电势的各点化简时可合并;

③理想导线可任意长短;

④理想电流表可认为短路,理想电压表可认为断路;

⑤电压稳定时电容器可认为断路。

(2)化简方法:

①电流分支法:a. 先将各结点用字母标上;b. 判定各支路元件的电流方向(若原电路无电流,可假设在总电路两端加上电压后判断);c. 按电流流向,自左到右将各元件、结点、分支逐一画出;d. 将画出的等效图加工整理。

②等势点排列法:a 将各结点用字母标出;b 判定各结点电势的高低(若原电路未加电压,可先假设加上电压);c 将各结点电势高低自左到右排列,再将各结点之间的支路画出;d. 将画出的等效图加工整理。

当然,若能将以上两种方法结合使用,效果更好。

▲例2 用一个直流电源给一电动车供电,电路如图5-3所示,已知电源电动势 $\varepsilon = 20$ V,内阻 $r = 2\ \Omega$,当接入固定电阻 $R = 4\ \Omega$ 时,电路中标有"3 V4.5 W"的灯泡 $L$ 和内阻 $r' = 2\ \Omega$ 的小型直流电动机恰能正常工作,求:

(1)电路中的电流强度。

(2)电动机的额定工作电压。

(3)电源的总功率。

(4)电动机的输出功率。

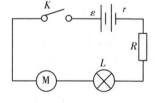

图 5-3

【错解】 由于灯泡恰能正常工作,由灯泡的额定电压和额定功率可求得灯泡的电阻

$$R_L = \frac{U_{\text{额}}^2}{P} = 2\ \Omega$$

根据串联电路中的特点,电流强度

$$I = \frac{\varepsilon}{R_{\text{总}}} = \frac{\varepsilon}{R_L + r' + R + r} = 2\ \text{A}$$

则电动机额定工作电压

$$U = I'r' = 4 \text{ V}$$

电源总功率

$$P = I\varepsilon = 40 \text{ W}$$

电动机的输出功率

$$P_出 = P - P_额 = 35.5 \text{ W}$$

【错解分析】 未认识"纯电阻"和"非纯电阻"电路的差别。此电路是非纯电阻电路,闭合电路欧姆定律 $\varepsilon = IR_总$ 不适用,所以电路中的电流强度不能用 $I = \dfrac{\varepsilon}{R_总}$ 求出。电动机额定工作电压 $U \neq I'r$。

【正确解答】 (1)串联电路中灯 $L$ 正常发光,电动机正常工作,所以电路中电流强度为灯 $L$ 的额定电流。根据 $P = \dfrac{U^2}{R}$ 得

$$I = 1.5 \text{ A}$$

(2)由于电路中的电动机是非纯电阻电路,根据能量守恒定律

$$\varepsilon = U_R + U_L + U_r + U_m$$

$$U_m = \varepsilon - U_R - U_L - U_r = \varepsilon - I(R + R_L + r) = 8 \text{ V}$$

$$P_额 = U_额 I - Ir' = 12 \text{ W}$$

(3)电源总功率

$$P_总 = I\varepsilon = 30 \text{ W}$$

(4)电动机的输出功率

$$P_出 = P_额 - I^2 r = 9 \text{ W}$$

【自我分析】 中学物理学习具有作为科学的物理和作为教育的物理的两重性,相应地,物理知识也有两种形态:一种是外显的学术形态,另一种是内隐的教育形态。前者揭示的是知识的表层意义,即对物理世界的描述或解释;后者折射的是知识的深层意义,即蕴含在知识背后的思维方式和价值取向。比如,在对本题的分析和判断中,必须学会从能量转化与守恒的高度来认识非纯电阻电路的本质特征。在一个闭合的非纯电阻电路中,电源通过非静电力做功,将其他形式的能转化为电能,内外电路又将电能转化为其他形式的能,$\varepsilon = U_内 + U_外$ 则是反映了这个过程中的能量守恒的关系,而且只有站在能量转化与守恒的角度认识电路中各个部分的作用,才能从全局的角度把握电路问题的解题思路,从而就能比较准确地分清公式、规律

的适用范围和条件。

▲例3　在如图 5-4 所示的电路中，所用电源电动势 $E = 10$ V，内电阻 $r = 1.0\ \Omega$，电阻 $R_1$ 可调。现将 $R_1$ 调到 3.0 Ω 后固定。已知 $R_2 = 16\ \Omega$，$R_3 = 4\ \Omega$。为了使 $A$、$B$ 之间电路的电功率在开关 $S$ 接通时能达到最大值，应将 $R_1$ 的阻值调到多大？这时 $A$、$B$ 间电路消耗的电功率将是多少？

【错解】　依"外电阻等于内电阻（$R = r$）时，外电路上的电功率有最大值"可知：

图 5-4

当 $r + R_1 = R_{AB}$ 时，$P_{AB}$ 有最大值，则有

$$1.0 + R_1 = 3.2$$

解得

$$R_1 = 2.2\ \Omega,$$

再由欧姆定律可得

$$P_{AB} = I^2 R_{AB} = \left(\frac{E}{r + R_1 + R_{AB}}\right)^2 \times R_{AB} = 7.8\ \text{W}$$

【错解分析】　"生搬硬套"出佯谬。当我们在讨论可变电阻 $R$ 上得到的功率时，由于其功率决定于可变电阻中的电流和电压，可以用电源输出功率最大时的条件，内外电阻相等时电源有最大输出功率来计算。但是题目要求讨论定值电阻上的输出功率，则不能生搬硬套。定值电阻上的功率，决定于流过电阻 $R_0$ 的电流强度，这与讨论可变电阻上的功率不同。

【正确解答】　由 $P_{AB} = I^2 R_{AB}$ 可知：

$R_{AB}$ 上消耗的功率为

$$P_{AB} = \left(\frac{E}{r + R_1 + R_{AB}}\right)^2 \times R_{AB}$$

$P_{AB}$ 是 $(r + R_1)$ 的单调减函数，所以当 $R_1$ 为零时，$R_{AB}$ 有最大值，代入数据得

$$P_{AB\,\max} = 18\ \text{W}$$

【自我分析】　物理概念是从大量的物理现象和过程中抽象出来的，物理概念的学习过程往往是不断解开我们心中疑惑的过程（从生疑→释疑→无疑），是一个从未知到已知、由表及里的过程，如果能将概念学习中的"疑"进行具体化、问题化，我们心中的"疑"则会明朗化、清晰化。在运用闭合电路欧姆定律解决电路问题时，有许多概念需要我们去甄别，初学者必须站在"全局"的高度上去认识和分析电路的每一

部分,这时,自然就存在着研究对象的选择问题,如果研究对象选错了,就要犯张冠李戴的错误。如题目中明确要我们计算定值电阻的功率,错解中却套用滑动变阻器的结论,那出错就理所当然了。所以,认真审题,找出研究对象及其研究的内容,是提高解题能力的必修之路。为此,在运用闭合电路欧姆定律计算或讨论电路问题时,我们必须掌握以下三点:

(1)明确七个概念。

①闭合电路:主要看电源有无内电阻。

②内电路、内电阻、内电压:电源内部的电路称内电路,其电阻称为内电阻,内电阻上所得到的电压称为内电压。在内电路中,电流由电源负极流向电源正极。

③外电路、外电阻、外电压:电源外部由用电器、导线等组成的电路称外电路,其电阻称为外电阻,其两端的电压称为外电压或路端电压。

(2)掌握一个定律——闭合电路欧姆定律。

①内容:闭合电路的电流跟电源的电动势成正比,跟内、外电路的电阻之和成反比,这个结论叫作闭合电路的欧姆定律。

②表达式:$I = \dfrac{\varepsilon}{R+r}$(注意不止这一种)。

③适用条件:此公式只适用于纯电阻电路。当外电路中有电动机、电解槽等用电器时,此公式不再适用,但 $U_外 = E - Ir$ 仍可应用。

④几种表达形式及物理意义。

a. 电流形式:$I = \dfrac{\varepsilon}{R+r}$

表明决定电路中电流的因素与电流大小间的关系:电流与电源电动势成正比,与电路总电阻成反比(纯电阻电路)。

b. 电压形式:$E = I(R+r)$、$E = U_外 + Ir$ 或 $E = U_外 + U_内$

表明电源电动势在量值上等于电路中内、外电压之和。

c. 能量形式:$EIt = I^2Rt + I^2rt$ 或 $W = E_外 + E_内$

表明非静电力做的功应该等于内、外电路中电能转化为其他形式的能的总和。

但无论用何形式表达,本质上都是能的转化和守恒定律在电路中的体现。

（3）辨析三个关系。

①电动势和内、外电压的关系：电动势的大小等于内、外电压之和，即 $E = U_内 + U_外$。

②路端电压与电流的关系：如图5-5所示。

注意：当 $R \to \infty$（断路）时，$I = 0$ 而 $U_外 = E$；

当 $R \to 0$（短路）时，$I_短 = \dfrac{\varepsilon}{r}$，此时 $U_外 = 0$。

③电源输出功率与负载的关系：如图5-6所示。

$$P_出 = U_外 I = IR_外$$

注意：当 $R_外 = r$ 时，$P_出$ 最大；

当 $R_外 < r$ 时，$R_外$ 越大，$P_出$ 越大；

当 $R_外 > r$ 时，$R_外$ 越小，$P_出$ 越小。

④对于内、外电路上的固定电阻，其消耗的功率仅取决于电路中电流强度的大小。

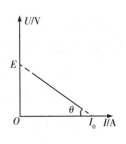

图 5-5

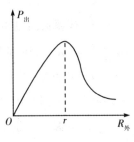

图 5-6

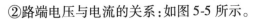

【试一试】

1.【2016 全国Ⅱ卷 17】阻值相等的四个电阻、电容器 $C$ 及电池 $E$（内阻可忽略）连接成如图所示电路。开关 $S$ 断开且电流稳定时，$C$ 所带的电荷量为 $Q_1$；闭合开关 $S$，电流再次稳定后，$C$ 所带的电荷量为 $Q_2$。$Q_1$ 与 $Q_2$ 的比值为（　　）

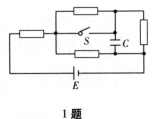

1 题

A. $\dfrac{2}{5}$　　　　　　　　　　　　B. $\dfrac{1}{2}$

C. $\dfrac{3}{5}$　　　　　　　　　　　　D. $\dfrac{2}{3}$

2.【2016 北京理综 19】某兴趣小组探究用不同方法测定干电池的电动势和内阻，他们提出的实验方案中有如下四种器材组合。为使实验结果尽可能准确，最不可取的一组器材是（　　）

A. 一个安培表、一个伏特表和一个滑动变阻器

B. 一个伏特表和多个定值电阻

C. 一个安培表和一个电阻箱

D. 两个安培表和一个滑动变阻器

3.【2016江苏单科8】(多选)如图所示的电路中,电源电动势为 12 V,内阻为 2 Ω,四个电阻的阻值已在图中标出,闭合开关 $S$,下列说法正确的有 ( )

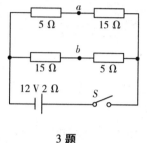

3 题

A. 路端电压为 10 V

B. 电源的总功率为 10 W

C. $a$、$b$ 间电压的大小为 5 V

D. $a$、$b$ 间用导线连接后,电路的总电流为 1 A

4.【2015浙江理综14】下列说法正确的是 ( )

A. 电流通过导体的热功率与电流大小成正比

B. 力对物体所做的功与力的作用时间成正比

C. 电容器所带电荷量与两极间的电势差成正比

D. 弹性限度内,弹簧的劲度系数与弹簧伸长量成正比

【你犯错了吗】

1. C   2. D   3. AC   4. C

# 静电场

## 主要核心内容

1. 电荷、电场、电场强度、电场线、电场力、电势、电势差、电场力功、电容器、电容以及平行板电容器电容的决定性因素等基本概念。

2. 库仑定律、电荷守恒定律、电场强度与电势差的关系等基本规律。

3. 带电粒子在匀强电场中的类平抛运动规律等。

4. 功能关系。

## 基本思想方法

1. 变"无形"为"有形"的形象化学科思想,运用电场线、等势面等几何方法形象化地描述电场的分布。

2. 注重知识的迁移,将运动学、动力学的规律自觉地应用到电场中,分析解决带电粒子在电场中的运动问题学科思维。

3. 解决问题的能力要求必须是概念准确,不乱套公式,死套公式,要理解规律的成立条件及适用范围。

## 典型错题分析

初学者常犯的错误主要表现在:

1. 不善于运用电场线、等势面等解题工具,将抽象的电场形象化后再对电场的场强、电势进行具体分析。

2. 对电场线、等势线的理解有偏差。

3. 在运用力学规律解决电场问题时,往往没有考虑其他场力的存在。

4. 不能从规律出发进行逻辑推理,把相关知识融会贯通,灵活处理物理问题。比如,不能对电场中的类平抛运动与重力场中的平抛运动的处理方法和思路进行推理。

▲**例1** 如图6-1所示,如果用实线表示一个电场中的电场线,用虚线表示一个负检验电荷在这个电场中的运动轨迹,在电荷从 $a$ 运动到 $b$ 的过程中,以下判断正确的是 （　　）

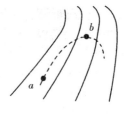

图6-1

A.电荷从 $a$ 到 $b$ 速度逐渐减小

B.电荷从 $a$ 到 $b$ 加速度逐渐减小

C. $b$ 处的电势能大

D.电场中 $b$ 处电势高

【错解】 由图6-1可知,电荷由 $a$ 运动到 $b$,速度变小,所以,加速度变小,选B。因为电荷带负电,所以电荷运动方向为电势升高方向,所以 $b$ 处电势高于 $a$ 处,选C。

【错解分析】 "关系不清"出差错。选B的同学属于加速度与速度的关系不清;选D的同学属于功能关系不清。

【正确解答】 由图6-1可知, $b$ 处的电场线比 $a$ 处的电场线密,说明 $b$ 处的场强大于 $a$ 处的场强,电荷受到的电场力大。根据牛顿第二定律,检验电荷在 $b$ 处的加速度大于在 $a$ 处的加速度,B选项错。电荷从 $a$ 到 $b$ 做曲线运动,必受到不等于零的合外力,即 $F \neq 0$,且 $F$ 的方向应指向运动轨迹弯曲的内侧。因为检验电荷带负电,可以判断出电场力方向与速度方向的夹角大于90°,所以电场线指向是从疏部到密部。再利用"电场线方向为电势降低最快的方向"可判断 $a$ 、 $b$ 处电势高低关系是 $U_a > U_b$,D选项不正确。

根据检验电荷的速度方向与所受电场力的方向的夹角大于90°可知,电场力对检验电荷做负功,可判断由 $a$ 到 $b$ 电势能增加,C选项正确;又因电场力做功与路径无关,系统的能量守恒,电势能增加则动能减小,即速度减小,A选项正确。

【自我分析】 学科素养下的理解能力应包括对基本概念的透彻理解和对基本规律的准确把握。本题的立意就体现在这一方面。这道题考查了电场线的概念、牛顿第二定律、曲线运动中物体速度与力的关系、电场线与等势面的关系、电场力功与电势能变化的关系、能量守恒定律等基本概念和基本规律,这就要求初学者理解概念、规律的确切含义、适用条件,不失为训练能力的好题。

▲**例2** 如果把一电量为 $q = 2 \times 10^6$ C的点电荷从电场外一点 $P$ （电势为零）移至电场中某点 $A$,电场力做功 $4 \times 10^{-5}$ J,则 $A$ 点的电势为 （　　）

A.20 V　　　　B. $-20$ V　　　　C.40 V　　　　D. $-40$ V

【错解】 根据 $W = qU$ 得

$$U = \frac{W}{q} = 20 \text{ V}$$

故选A。

【错解分析】 "概念不清"闹别扭。混淆了电势与电势差这两个概念。在电场力功的计算式 $W = qU$ 中, $U$ 指电场中两点间的电势差而不是某点的电势。

**【正确解答】** 解法一：设场外一点 $P$ 电势为 $\varphi_P$，且 $\varphi_P = 0$，从 $P \rightarrow A$，电场力的功 $W = qU_{PA}$，所以

$$W = q(\varphi_P - \varphi_A); \varphi_A = -20 \text{ V}$$

解法二：设 $A$ 与场外一点的电势差为 $U$，$P$ 点电势为 0，由 $W = qU$ 可得

$$U = \frac{W}{q} = 20 \text{ V}$$

因为 $\varphi_P = 0$，所以 $|\varphi_A| = 20$ V。

由于电场力对正电荷做正功，必由高电势移向低电势，故 $\varphi_A = -20$ V。

**【自我分析】** 高中物理常见的学科思想方法有很多，其中数理思想尤其重要，从某种意义上讲，没有数学的发展，就没有物理学的突破，常用的数学方法有：比值定义法、乘积定义法、比例系数法、图象法、方程函数法、数形结合法、近似估算法、外推法、平均值法、曲线拟合法、微元法、累积法、放大法、化归法、逆向法、临界与极值法等等。但是，数学与物理学又有着本质上的差别，一是表达式中字母本身表示的意义有差别，二是字母的正负有差别，三是图象的意义有差别，四是标量的"正""负"号与矢量的"正""负"号有差别，对于初学者来说又是一个难点。比如，对于公式 $W = qU$ 就有两种用法，如图 6-2 所示。

(1) 当电荷由 $A$ 向 $B$ 运动时，电场力功写为 $W = qU_{AB} = q(\varphi_A - \varphi_B)$。

此时：若 $W > 0$，$q > 0$，则 $\varphi_A - \varphi_B > 0$，故 $\varphi_A > \varphi_B$；

若 $W > 0$，$q < 0$，则 $\varphi_A - \varphi_B < 0$，故 $\varphi_A < \varphi_B$。

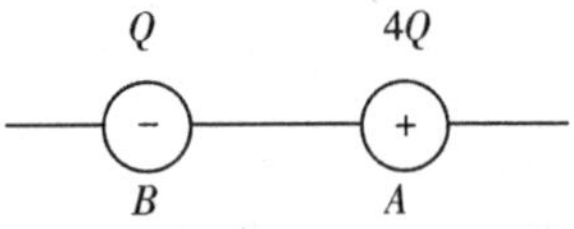

(2) 当电荷由 $B$ 向 $A$ 运动时，电场力功写为 $W = qU_{BA} = q(\varphi_B - \varphi_A)$。

此时：若 $W > 0$，$q > 0$，则 $\varphi_B - \varphi_A > 0$，故 $\varphi_B > \varphi_A$；

若 $W > 0$，$q < 0$，则 $\varphi_B - \varphi_A < 0$，故 $\varphi_B < \varphi_A$。

图 6-2

之所以强调带符号，就因为此时 $W$ 的正负直接与移送电荷的正负以及电势差的正负相互关联，也与电荷的移动方向相关联，如"解法一"。

(3) $W$，$q$，$U$ 三者都取绝对值运算，如"解法二"，但所得 $W$ 或 $U$ 的正负号需另做判断，建议初学者采用这种方法。

▲**例3** 如图 6-3 所示，在 $x$ 轴上关于原点 $O$ 对称的两点固定放置等量异种点电荷 $+Q$ 和 $-Q$，$x$ 轴上的 $P$ 点位于 $-Q$ 的右侧。下列判断正确的是 （　　）

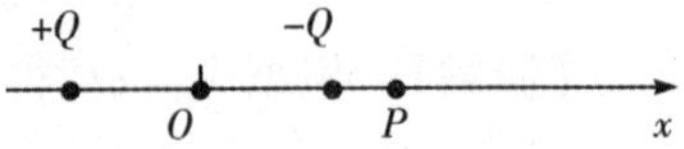

A. 在 $x$ 轴上还有一点与 $P$ 点电场强度相同

B. 在 $x$ 轴上还有两点与 $P$ 点电场强度相同

C. 若将一试探电荷 $+q$ 从 $P$ 点移至 $O$ 点，电势能增大

图 6-3

D. 若将一试探电荷 $+q$ 从 $P$ 点移至 $O$ 点，电势能减小

**【错解】** B 或者 D。

【错解分析】 "知其然而不知其所以然"。错选 B 是未注意电场强度的方向性。错解 D 是未注意电场力做功的正负及其做功多少。

【正确解答】 画出等量正负点电荷的电场线,如图 6-4 所示,由电场分布可知,在 $x$ 轴上还有一点与 $P$ 点电场强度相同,即和 $P$ 点关于 $O$ 点对称的 $C$ 点,A 项正确。若将一试探电荷 $+q$ 从 $P$ 点移至 $O$ 点,电场力先做正功后做负功,所以电势能先减小后增大。一般规定无穷远电势为零,过 $O$ 点的中垂线电势也为零,所以试探电荷 $+q$ 在 $P$ 点时电势能为负值,移至 $O$ 点时电势能为零,所以电势能增大,C 项正确。答案选 AC。

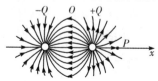

图 6-4

【自我分析】 学习本讲内容,不但要理解"场"的产生,还要理解"场的叠加",因此,解这类题需要具备基本知识有两点:

(1)电场强度的矢量性与叠加性:某点合场强为各场源在该点场强的矢量和。

(2)等量异种电荷的电场线分布特征。

▲例4 三个点电荷电场的电场线分布,如图 6-5 所示,图中 $P$、$Q$ 两点输出的场强大小分别为 $E_P$、$E_Q$,电势分别为 $\varphi_P$、$\varphi_Q$,则 ( )

A. $E_P > E_Q$,$\varphi_P > \varphi_Q$

B. $E_P < E_Q$,$\varphi_P < \varphi_Q$

C. $E_P > E_Q$,$\varphi_P < \varphi_Q$

D. $E_P < E_Q$,$\varphi_P > \varphi_Q$

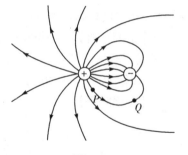

图 6-5

【错解】 因为 $P$ 处的电场线较密而 $Q$ 处的电场线较疏,所以选 C。

【错解分析】 "一知半解"想当然。电场线越密,电场强度越大的说法没有任何问题,但是场强大的地方不一定电势就高。这是初学者最容易犯的错误。

【正确解答】 根据电场线的疏密表示场强大小,由图可知,$P$ 处的电场线较密而 $Q$ 处的电场线较疏,所以 $E_P > E_Q$;又因为顺着电场线的方向电势逐渐降低,但是 $P$、$Q$ 两点没有处在同一条电场线上,可以根据电场线和等势线之间的垂直关系,画一条 $P$ 点的等势线,等势线与 $Q$ 点所在的电场线交于一点 $M$,通过比较 $M$、$Q$ 两点的电势高低,完成 $P$、$Q$ 两点的电势比较。故正确的选项为 A。

【自我分析】 物理概念、规律的固化是活化的前提,活化是固化的目标;没有固化,活化也就无从谈起,没有活化,固化也就没有意义。对于"电场线"这样的抽象化、形象化的概念,达到固化更加有必要。这样我们就可以根据电场线的疏密来判断电场强度的大小,根据电场线的方向判断电势的高低。但同时应该注意以下三点:

(1)电场线处处与等势线垂直。

（2）等势线的疏密也能反映电场的强弱，因为一般情况下相邻两个等势线之间的电势差相等。

（3）沿着电场线的方向是电势降低最快的方向。

▲**例5** 如图6-6所示，$Q_A = 3 \times 10^{-8}$ C，$Q_B = -3 \times 10^{-8}$ C，$A$、$B$ 两球相距 5 cm，在水平方向外电场作用下，$A$、$B$ 保持静止，悬线竖直，求 $A$、$B$ 连线中点场强。（两带电小球可看作质点）

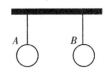

图6-6

**【错解】** 以 $A$ 为研究对象，$B$ 对 $A$ 的库仑力和外电场对 $A$ 的电场力相等，故有

$$E_{外} Q_A = k \frac{Q_A Q_B}{r^2}$$

$$E_{外} = k \frac{Q_B}{r^2}$$

$$E_{外} = k \frac{Q_B}{r^2} = 1.08 \times 10^5 \text{ N/C}$$

$AB$ 中点总场强 $E_{总} = E + E_A + E_B = E_{外} = 1.08 \times 10^5$ N/C，方向向左。

**【错解分析】** 对电场强度的"矢量性"认识模糊。在中学阶段一般不将 $Q_B$ 的电性符号代入公式中计算。在求合场强时，应该对每一个场做方向分析，然后用矢量叠加来判定合场强方向。

**【正确解答】** 以 $A$ 为研究对象，$B$ 对 $A$ 的库仑力和外电场对 $A$ 的电场力平衡，故有

$$E_{外} Q_A = k \frac{|Q_A Q_B|}{r^2}$$

所以有

$$E_{外} = k \frac{Q_B}{r^2} = 1.08 \times 10^5 \text{ N/C}$$

$E_{外}$ 方向与 $A$ 受到的 $B$ 的库仑力方向相反，方向向左。在 $A$、$B$ 的连线中点处 $E_A$、$E_B$ 的方向均向右，设向右为正方向，则有

$$E_{总} = E_A + E_B - E_{外}$$

$$E_{总} = \frac{kQ_A}{\left(\frac{r}{2}\right)^2} + \frac{k|Q_B|}{\left(\frac{r}{2}\right)^2} - \frac{k|Q_B|}{r^2}$$

$$E_{总} = \frac{7kQ_A}{r^2} = 7.56 \times 10^5 \text{ N/C}$$

方向向左。

**【自我分析】** 物理学科核心素养包括四个方面，其中"物理观念"要求我们从物理学视角形成关于物质、运动与相互作用、能量等的基本认识，这也是物理概念和

规律等在头脑中的提炼和升华。从本质上说,"场"是一种看不见、摸不着物质,它的存在是空间的、立体的,而非平面的。要从这个角度去理解"场"的概念,对初学者来说,无异于难上加难,因此,对于大多数初学者来说,最可靠的办法是"变无形为有形",按照题意作出 $A$、$B$ 的平面受力图。从 $A$、$B$ 的电性判断点电荷 $A$、$B$ 的场强方向,从 $A$ 或 $B$ 的受力判断外加匀强电场的方向。在求合强的方向时,在 $A$、$B$ 的连线中点处画出每一个场强的方向,最后再计算。这样做恰恰是在按照物理规律解决问题。

▲**例6** 在电场中有一条电场线,其上有两点 $a$ 和 $b$,如图6-7所示,比较 $a$、$b$ 两点电势高低和电场强度的大小。如规定无穷远处电势为零,则 $a$、$b$ 处电势 （　　）

图6-7

A. $\varphi_a < \varphi_b < 0$　　　　　　　　B. $\varphi_a > \varphi_b > 0$

C. $\varphi_a = \varphi_b = 0$　　　　　　　　D. 无法判断电势的正负

【**错解**】　顺电场线方向电势降低,所以 $\varphi_a > \varphi_b$,因为无穷远处电势为零,顺电场线方向电势降低,所以 $\varphi_a > \varphi_b > 0$。

【**错解分析**】　对电场中 $E$ 和 $\varphi$ 的认识不清楚。由于把所给电场看成由正点电荷形成的电场,认为从正电荷出发,顺电场线电势逐渐减小到零,从而得出 $\varphi_a$、$\varphi_b$ 均大于零。

【**正确解答**】　顺电场线方向电势降低,所以 $\varphi_a > \varphi_b$,由于只有一条电场线,无法看出电场线疏密,也就无法判定场强大小。此时,同样无法判定当无穷远处电势为零时,$a$、$b$ 的电势是大于零还是小于零。若是由正电荷形成的场,则 $E_a > E_b$,$\varphi_a > \varphi_b > 0$;若是由负电荷形成的场,则 $E_a < E_b$,$0 > \varphi_a > \varphi_b$。

【**自我分析**】　电场线的疏密特征决定了电场强弱的特点,只有一条电场线,不能判断疏密,所以不能判断场的强弱。虽然可以判定各点电势高低,但又无法判断电势是否大于零。其实对于电势高低的判断一般有五种思路可供选择:

(1)根据电势的定义判断:在电场中某一点电荷的电势能 $\varepsilon$ 跟它的电荷量 $q$ 的比值,叫作这一点的电势,即 $U = \varepsilon/q$。分析时应将 $q$、$\varepsilon$ 带符号代入计算。

(2)根据电势差的定义判断:电势差 $U_{ab} = \varphi_a - \varphi_b$。若 $U_{ab} > 0$,则 $\varphi_a > \varphi_b$;若 $U_{ab} < 0$,则 $\varphi_a < \varphi_b$;若 $U_{ab} = 0$,则 $\varphi_b = \varphi_a$。

(3)根据电场线的方向与电势升降关系判断:沿着电场线方向是电势降低的方向。

(4)根据电场力做功与电势能变化关系判断:电场力的功与电势能的关系为 $W_{ab} = \varepsilon_a - \varepsilon_b$,而 $\varphi = \varepsilon/q$,据具体题目综合分析比较。

(5)根据静电平衡状态的特征判断:处于静电平衡状态下的导体是一个等势体,导体表面是一等势面。

▲**例7**　如图6-8所示,$P$、$Q$ 是两个电量相等的正的点电荷,它们连线的中点是

$O$、$A$、$B$ 是中垂线上的两点，$OA < OB$，用 $E_A$、$E_B$、$\varphi_A$、$\varphi_B$ 分别表示 $A$、$B$ 两点的场强和电势，则 　　　　　　　　　　（　　）

A. 一定有 $E_A > E_B$，一定有 $\varphi_A > \varphi_B$

B. 不一定有 $E_A > E_B$，一定有 $\varphi_A > \varphi_B$

C. 一定有 $E_A > E_B$，不一定有 $\varphi_A > \varphi_B$

D. 不一定有 $E_A > E_B$，不一定有 $\varphi_A > \varphi_B$

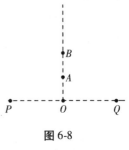

图 6-8

**【错解】** 选 A。

**【错解分析】** "不识电场真面目，只缘没有电场线。"不能通过画出两个电量相等的正的点电荷的电场线分布，使无形的电场变得有形，从而使问题的解答变形象化、具体化。

**【正确解答】** 画出两个电量相等的正的点电荷的电场线分布，如图 6-9 所示，电场线特点是先密再疏，$A$、$B$ 是中垂线上的两点，但具体位置不确定，与电场线最密处相比较可上、可下，这样 $A$、$B$ 所在的电场线的疏密程度就会变化，就不一定有 $E_A > E_B$，但根据沿着电场线方向是电势降低的方向，一定有 $\varphi_A > \varphi_B$。

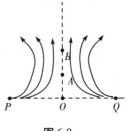

图 6-9

故正确答案选 B。

**【自我分析】** "记忆"是最直接的学习方法，初学者一定要记住几种常见电荷的电场线分布。

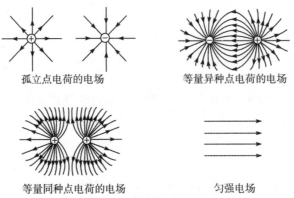

孤立点电荷的电场　　　　等量异种点电荷的电场

等量同种点电荷的电场　　　　匀强电场

图 6-10

特征：①电场线是假想的：电场线是人们用来形象地描述电场的分布而画出的一簇曲线，虽然实验模拟了这簇曲线的形状，但是实验没有证实电场线的真实存在，电场线是假想的。②（静电场中）电场线不是闭合曲线。在静电场中，电场线起始于正电荷（或无穷远处），终止于无穷远处（或负电荷），不形成闭合曲线。③电场线的每一点的切线方向都跟该点的场强方向一致。④电场线的疏密与场强强弱的关系：电场线的疏密程度与场强大小有关，电场线密处电场强，电场线疏处电场弱。⑤电场线在空间不相交、不相切、不闭合。

▲例8　如图6-11所示,当带正电的绝缘空腔导体A的内部通过导线与验电器的小球B连接,则有

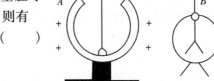

图 6-11

　　　　　　　　　　　　　( 　 )

A.验电器上有正电荷,金属箔张开

B.验电器上没有电荷,金属箔闭合

C.验电器上有负电荷,电势低于导体电势

D.验电器上有正电荷,电势高于导体电势

【错解】　因为静电平衡时,静电荷只分布在空腔导体的外表面,内部无静电荷,所以,导体A内部通过导线与验电器小球连接时,验电器不带电。故选B。

【错解分析】　对"导体的外表面"的含义理解不清楚。结构变化将要引起外表面的变化,这一点要分析清楚。错解没有分析出空腔导体A的内部通过导线与验电器的小球B连接后,验电器的金箔成了导体的外表面的一部分,改变了原来导体的结构。A和B形成一个整体,静电荷要重新分布。

【正确解答】　当导体A的内部通过导线与验电器的小球B连接时,导体A和验电器已合为一个整体,整个导体为等势体,故D项错误。又因为同性电荷相斥,电荷重新分布,必有静电荷从A移向B,所以验电器带正电。故选A。

【自我分析】　注重知识迁移是我们认识一种新现象、新事物常用的方法,但容易出现知识迁移的负面效应。例如本题中,先用绝缘金属小球接触带正电的绝缘空腔导体A的内部,然后将绝缘金属小球移出空腔导体A与验电器的小球B接触,验电器的金箔不张开。然后就顺其自然地选择了不带电的结论。"差异就是矛盾",学习中要善于比较,找出两个问题的区别方能抓住问题的关键。这两道题的差异就在于一个是先接触内壁,后接触验电器小球;一个是正电的绝缘空腔导体A的内部通过导线与验电器的小球B连接。由此分析这种差异带来了什么样的变化。

▲例9　空间有一关于原点O对称分布的电场,其电场强度E随x变化的图象如图6-12所示。下列说法正确的是　　　　　( 　 )

A.O点的电势最低

B.$x_2$点的电势最高

C.$x_1$和$-x_1$两点的电势相等

D.$x_1$和$x_3$两点的电势相等

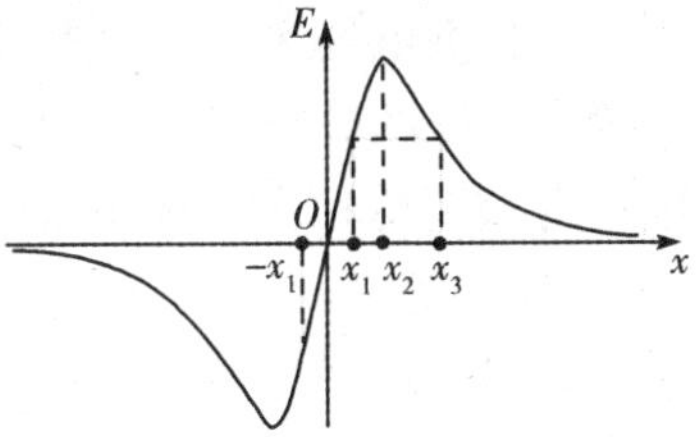

图 6-12

【错解】　错解一:因为$x_2$处的电场强度最大,因而电势越高。故选B。

错解二:因为$x_0$的电场强度为零,所以电势为零。故选A。

【错解分析】　"关系不清"闹别扭。电场强度描述的是电场的力的属性,而电势描述的是电场的能的属性,两者有关系,但却没有直接关系,也没有因果关系。

【正确解答】 解法一:题中虽然给出了电场强度 $E$ 随 $x$ 变化的关系图象,但并没有给出其方向,所以不能判断哪一点电势高低。但由于电场强度 $E$ 沿 $x$ 轴对称分布,假如将某一电荷从 $-x_1$ 移到 $x_1$,电场力做功一定是一正一负,总功为零,故 $-x_1$ 与 $x_1$ 两点的电势相等,正确的选项为 C。

解法二:由电场强度 $E$ 的对称分布可以判断,该电场的分布特征非常类似于等量同种电荷的电场线分布特征,故可模拟画出电场线的大致分布情况,如图 6-13 所示。其中 $x_2$ 对应右边点电荷位置,$x_1$ 与 $x_3$ 位居点电荷两边,如果 $x_1$ 是 $A$ 点,则 $x_2$ 就是 $A'$ 点,由对称性可知,两点电势相等,这样问题就迎刃而解。故选 C。

【自我分析】 高中物理教材中设置了许多体验性活动,其目的就是让初学者通过这些活动,去亲身体验和感受一些基本思想和基本方法,这里仅举一例供读者参考,例如:

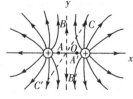

图 6-13

①人教版必修(Ⅱ)中第五章第五节"图 5.6-3 做变速圆周运动的物体所受的力"中提出了"等效思想"与"等效替代"。

②人教版必修(Ⅱ)中第五章第六节"图 5.6-3 一般的曲线运动可以分成很多小段,每小段都可以看作圆周运动的一部分"中提出了"数理思想"与"微元法"。

③人教版必修(Ⅱ)中第五章第六节栏目"做一做"的"图 5.6-5 感受向心力"中提出了"控制变量思想"。

④人教版必修(Ⅱ)中第五章第七节栏目"思考与讨论"中"地球可以看作一个巨大的拱形桥,求第一宇宙速度"中提出了"类比思想"。

所以只有我们在学习时认真思考,细心体会,才能在学习过程中提高能力,增强实践意识,培养我们的物理学科素养。例如在本题"解法二"中,如果我们对"等效思想"理解到位,画出与图象描述的电场的场线分布特征,问题就简单多了,电势的高低可根据电场线的方向进行判断,顺着电场线的方向电势逐渐降低;但是,如果不明确电场线的分布特征,就无法准确判断。当然,还可以根据电场力做功进行判断,电场力做正功时,移动正电荷,电势由高到低;移动负电荷,电势由低到高;电动不做功,电势相等。

▲例10 在边长为 30 cm 的正三角形的两个顶点 $A$、$B$ 上各放一个带电小球,其中 $Q_1 = 4 \times 10^{-6}$ C,$Q_2 = -4 \times 10^{-6}$ C,求它们在三角形另一顶点 $C$ 处所产生的电场强度。

【错解】 $C$ 点的电场强度为 $Q_1$、$Q_2$ 各自产生的场强之和,由点电荷的场强公式得

$$E_1 = k \frac{Q_1}{r_1^2} = 4 \times 10^5 \text{ N/C}$$

$$E_2 = k\frac{Q_2}{r_2^2} = -4 \times 10^5 \text{ N/C}$$

所以

$$E = E_1 + E_2 = 0$$

**【错解分析】** 认为 $C$ 点的场强是 $Q_1$、$Q_2$ 两点电荷分别在 $C$ 点的场强的代数和。

**【正确解答】** 计算电场强度时,应先计算它的数值,电量的正负号不要代入公式中,然后根据电场源的电性判断场强的方向,用平行四边形法求得合矢量,就可以得出答案。

由点电荷场强公式得

$$E_1 = k\frac{Q_1}{r_1^2} = 4 \times 10^5 \text{ N/C}$$

$$E_2 = k\frac{Q_2}{r_2^2} = -4 \times 10^5 \text{ N/C}$$

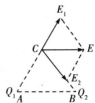

图 6-14

$C$ 点的场强为 $E_1$、$E_2$ 的矢量和。

由图 6-14 可知,$E$、$E_1$、$E_2$ 组成一个等边三角形,大小相同。

所以有

$$E = 4 \times 10^5 \text{ N/C}$$

方向与 $AB$ 边平行。

**【自我分析】** 目前我们正处于"从传统物理教学到基于核心素养的物理教学的转变,其中最重要的是实现从重学术形态到学术、教育形态并重的转变。中学物理教学具有作为科学的物理和作为教育的物理的两重性。相应地,物理知识也有两种形态:一种是外显的学术形态,另一种是内隐的教育形态。前者揭示的是知识的表层意义,即对物理世界的描述或解释;后者折射的是知识的深层意义,即蕴含在知识背后的思维方式和价值取向。"例如,对于"电磁学"的学习,我们就不得不去认识一个人,这个人就是法拉第,法拉第的一生是伟大的,法拉第又是平凡的。他在电磁学的发展中做出了巨大贡献,我们可以沿着历史的轨迹,去追寻科学的先导,领略电现象和磁现象、电磁互变现象、电磁世界多样统一的科学观念和法拉第锲而不舍、十年磨一剑的科学精神。这样我们对"场"的属性的认识就会更加深刻,其实认识电场应该重点认识"场"三重属性:矢量性、叠加性、唯一性。

▲**例 11** 如图 6-15 所示,倾角为 30°的直角三角形底边长 $2L$,且处于水平位置,斜面为光滑绝缘的导轨。现在底边中点 $O$ 处固定一正电的点电荷 $Q$,让一质量为 $m$ 的带正电 $q$ 的小球从斜面顶端 $A$ 处释放沿斜面下滑(不脱离斜面)。现测得它滑到 $B$ 点在斜边上的垂足 $D$ 点处的速度为 $v$,加速度为 $a$,方向沿斜面向下,则小球滑到斜面底端 $C$ 点时的速度和加速度各为多少?

【错解】 以带电小球为研究对象,进行受力分析,由于斜面光滑,小球只受重力和库仑力,而库仑力大小、方向时刻改变,属于变力作用下的直线运动,对这种非匀变速的变速运动无法建立方程求解速度和加速度,因而认为该题在中学范围内无解。

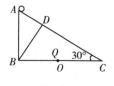

图 6-15

【错解分析】 "思维定势"闹别扭。由于受牛顿运动定律解题的影响,初学者已经掌握了匀变速直线的解题思路和方法,所以做出了上述判断。

【正确解答】 如果连接 $DO$,如图 6-16 所示,则由几何关系可知:$DO = CO$。

(1)$DO = CO$,表明 $D$、$C$ 两点位于固定点电荷 $Q$ 的同一等势面上,$q$ 经 $D$ 点到 $C$ 点的全过程中,电场力做功为零,只有重力做功,由动能定理得

$$mgCD\sin 30° = \frac{1}{2}mv_C^2 - \frac{1}{2}mv^2$$

其中 $v_C$ 为 $q$ 到达 $C$ 点时的速度。

由几何关系不难解得 $CD = \sqrt{3}L$,最后解得

$$v_C = \sqrt{v^2 + \sqrt{3}gL}$$

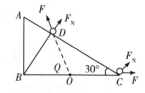

图 6-16

(2)$DO = CO$,表明点电荷 $q$ 经 $D$ 点时和到达 $C$ 点时所受电场力大小相等,受力情况见图 6-16 所示。在 $D$ 点和 $C$ 点分别对点电荷 $q$ 建立牛顿第二定律方程,得

$$mg\sin 30° - F\cos 30° = ma$$

$$mg\sin 30° + F\cos 30° = ma_C$$

其中,$F$ 为电场力,$a_C$ 为点电荷 $q$ 到达 $C$ 点时的加速度。

得方程

$$a_C = g - a$$

【自我分析】 物理学是一门科学,而科学是一个具有可验证性、真理性和开放性的系统。由于我们认识的局限性,在一定条件下,所获得的关于自然界的科学知识只能是相对真理,只能在一定的条件下与范围内适用。同时,科学是一个开放的系统,在科学教育中必须重视科学实验与逻辑思维能力的培养,既要引导学生认真学习已有理论,又要防止把它视为永远不可逾越的认识顶峰,从而扼杀初学者对科学进一步探索的向往与寻求发展的乐趣。所以"方法"的掌握不应该程式化。

▲例12 如图 6-17 所示,$A$ 为带电量为 $Q$ 的金属板,小球的质量为 $m$、电荷量为 $q$,用绝缘丝线悬挂于 $O$ 点。小球由于受水平向右的电场力而静止在沿金属板的垂直平分线上距板为 $r$ 的位置,悬线与竖直方向的夹角为 $\theta$,试求小球所处位置的场强。

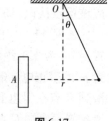

图 6-17

【错解】 以小球为研究对象,受力分析如图6-18所示。

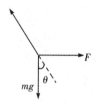

根据库仑定律可知

$$F = k\frac{Qq}{r^2}$$

由场强的定义式可得

$$E = \frac{F}{q} = k\frac{Q}{r^2}$$

图 6-18

方向水平向右。

【错解分析】 对"模型"认识不明确。这种解法的错误在于错建了物理模型,因为金属板 $A$ 不能当成点电荷,所以不能根据库仑定律计算小球所受的电场力。

【正确解答】 以小球为研究对象,受力如图6-18所示,由平衡条件得

$$F = mg\tan\theta$$

则小球所处的电场强度为

$$E = \frac{F}{q} = \frac{mg\tan\theta}{q}$$

因小球带正电荷,所以电场强度方向为水平向右。

【自我分析】 基于科学思维中的问题模式化思想,用理想化的"模型"解决实际生活问题,就是要将复杂问题加以简化,建立起能够反应研究对象本质和规律的模型——物理模型,物理学习的核心问题就突出表现在由抽象到具体的"建模过程",再由具体到抽象的"模型运用",从而达到见题想型,见型想法,见法得解。这样解题的严密性、因果性就会凸显出来,即当初始条件发生变化时,应该按照正确的解题步骤,从头再分析一遍,看看对结果有什么影响。而不是想当然地"依葫芦画瓢"。由此可见,严格地按照解题的基本步骤进行操作,能保证解题的准确性,提高效率。

【试一试】

1.【2017 全国Ⅲ卷21】(多选)一匀强电场的方向平行于 $xOy$ 平面,平面内 $a$、$b$、$c$ 三点的位置如图所示,三点的电势分别为 10 V、17 V、26 V。下列说法正确的是 （　　）

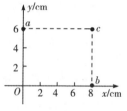

A. 电场强度的大小为 2.5 V/cm

B. 坐标原点处的电势为 1 V

C. 电子在 $a$ 点的电势能比在 $b$ 点的低 7 eV

D. 电子从 $b$ 点运动到 $c$ 点,电场力做功为 9 eV

1题

2.【2017 全国 I 卷 20】(多选)在一静止点电荷的电场中,任一点的电势 $\varphi$ 与该点到点电荷的距离 $r$ 的关系如图所示。电场中四个点 $a$、$b$、$c$ 和 $d$ 的电场强度大小分别 $E_a$、$E_b$、$E_c$ 和 $E_d$。点 $a$ 到点电荷的距离 $r_a$ 与点 $a$ 的电势 $\varphi_a$ 已在图中用坐标 $(r_a, \varphi_a)$ 标出,其余类推。现将一带正电的试探电荷由 $a$ 点依次经 $b$、$c$ 点移动到 $d$ 点,在相邻两点间移动的过程中,电场力所做的功分别为 $W_{ab}$、$W_{bc}$ 和 $W_{cd}$。

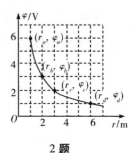

2 题

下列选项正确的是　　　　　　　(　　)

A. $E_a : E_B = 4 : 1$

B. $E_c : E_d = 2 : 1$

C. $W_{ab} : W_{bc} = 3 : 1$

D. $W_{bc} : W_{cd} = 1 : 3$

3.【2017 全国 I 卷 16】如图,空间某区域存在匀强电场学和匀强磁场,电场方向竖直向上(与纸面平行),磁场方向垂直于纸面向里,三个带正电的微粒 $a,b,c$ 电荷量相等,质量分别为 $m_a, m_b, m_c$,已知在该区域内,$a$ 在纸面内做匀速圆周运动,$b$ 在纸面内向右做匀速直线运动,$c$ 在纸面内向左做匀速直线运动。下列选项正确的是

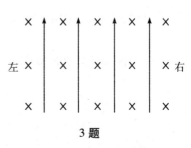

3 题

(　　)

A. $m_a > m_b > m_c$

B. $m_a > m_c > m_b$

C. $m_c > m_b > m_a$

D. $m_b > m_a > m_c$

4.【2018 全国 I 卷 16】如图,三个固定的带电小球 $a$、$b$ 和 $c$,相互间的距离分别为 $ab = 5$ cm,$bc = 3$ cm,$ca = 4$ cm。小球 $c$ 所受库仑力的合力的方向平衡于 $a$、$b$ 的连线。设小球 $a$、$b$ 所带电荷量的比值的绝对值为 $k$,则　(　　)

A. $a$、$b$ 的电荷同号,$k = \dfrac{16}{9}$

B. $a$、$b$ 的电荷异号,$k = \dfrac{16}{9}$

C. $a$、$b$ 的电荷同号,$k = \dfrac{64}{27}$

D. $a$、$b$ 的电荷异号,$k = \dfrac{64}{27}$

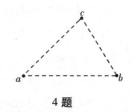

4 题

5.【2018全国I卷21】(多选)图中虚线 $a$、$b$、$c$、$d$、$f$ 代表匀强电场内间距相等的一组等势面,已知平面 $b$ 上的电势为 2 V。一电子经过 $a$ 时的动能为 10 eV,从 $a$ 到 $d$ 的过程中克服电场力所做的功为 6 eV。下列说法正确的是 (  )

5 题

A.平面 $c$ 上的电势为零

B.该电子可能到达不了平面 $f$

C.该电子经过平面 $d$ 时,其电势能为 4 eV

D.该电子经过平面 $b$ 时的速率是经过 $d$ 时的 2 倍

6.【2018全国II卷21】(多选)如图,同一平面内的 $a$、$b$、$c$、$d$ 四点处于匀强电场中,电场方向与此平面平行,$M$ 为 $a$、$c$ 连线的中点,$N$ 为 $b$、$d$ 连线的中点。一电荷量为 $q(q>0)$ 的粒子从 $a$ 点移动到 $b$ 点,其电势能减小 $W_1$;若该粒子从 $c$ 点移动到 $d$ 点,其电势能减小 $W_2$。下列说法正确的是 (  )

A.此匀强电场的场强方向一定与 $a$、$b$ 两点连线平行

B.若该粒子从 $M$ 点移动到 $N$ 点,则电场力做功一定为 $\dfrac{W_1+W_2}{2}$

C.若 $c$、$d$ 之间的距离为 $L$,则该电场的场强大小一定为 $\dfrac{W_2}{qL}$

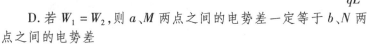

6 题

D.若 $W_1=W_2$,则 $a$、$M$ 两点之间的电势差一定等于 $b$、$N$ 两点之间的电势差

7.【2017全国II卷25】如图,两水平面(虚线)之间的距离为 $H$,其间的区域存在方向水平向右的匀强电场。自该区域上方的 $A$ 点将质量为 $m$、电荷量分别为 $q$ 和 $-q(q>0)$ 的带电小球 $M$、$N$ 先后以相同的初速度沿平行于电场的方向射出。小球在重力作用下进入电场区域,并从该区域的下边界离开。已知 $N$ 离开电场时的速度方向竖直向下;$M$ 在电场中做直线运动,刚离开电场时的动能为 $N$ 刚离开电场时的动能的 1.5 倍。不计空气阻力,重力加速度大小为 $g$。求:

7 题

(1)$M$ 与 $N$ 在电场中沿水平方向的位移之比;

(2)$A$ 点距电场上边界的高度;

(3)该电场的电场强度大小。

**【你犯错了吗】**

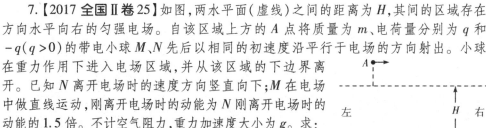

1.ABD  2.AC  3.D  4.D  5.AB  6.BD

7.解析:(1)由两带电小球的电量相同可知,$M$ 球在电场中水平方向上做匀加速直线运动,$N$ 球在水平方向上做匀减速直线运动,水平方向上的加速度大小相等,两球在竖直方向均受重力,竖直方向上做加速度为 $g$ 的匀加速直线运动。由于竖直方向上的位移相等,所以运动的时间相等,设水平方向的加速度大小为 $a$,则有

$$M:X_M=v_0t+\frac{1}{2}at^2$$

$$N: v_0 = at, X_N = \frac{1}{2}at^2$$

可得

$$X_M = \frac{3}{2}at^2$$

解得

$$\frac{X_M}{X_N} = 3$$

(2)设正电小球离开电场时的竖直分速度为 $v_y$,水平分速度为 $v_1$,两球离开电场时竖直分速度相等,因为 $M$ 在电场中做直线运动,刚离开电场时的动能为 $N$,刚离开电场时的动能的 1.5 倍,则有

$$\frac{1}{2}m(v_y^2 + v_1^2) = 1.5 \times \frac{1}{2}mv_y^2$$

解得

$$v_1 = \frac{\sqrt{2}}{2}v_y$$

因为

$$v_1 = v_0 + at = 2v_0$$

则

$$v_1 = \frac{\sqrt{2}}{2}v_y = 2v_0$$

因为 $M$ 做直线运动,设小球进电场时在竖直方向上的分速度为 $v_{y1}$,则有

$$\frac{v_{y1}}{v_0} = \frac{y_1}{v_1}$$

解得

$$v_{y1} = \frac{1}{2}v_y$$

在竖直方向上有

$$\frac{v_{y1}^2}{2g} = h, \frac{v_y^2 - v_{y1}^2}{2g} = H$$

解得 $A$ 点距电场上边界的高度 $h = \frac{H}{3}$

(3)因为 $M$ 做直线运动,合力方向与速度方向在同一条直线上,有

$$\frac{v_y}{v_1} = \frac{mg}{Eq} = \sqrt{2}$$

所以电场的电场强度

$$E = \frac{mg}{\sqrt{2}q} = \frac{\sqrt{2}mg}{2q}$$

# 磁　场

## 主要核心内容

1. 磁感应强度、磁感线、磁通量、电流的磁场、安培力、洛伦兹力等基本概念。
2. 磁现象的电本质、安培定则、左手定则、右手定则等规律。

## 基本思想方法

1. 通过空间想象力,将磁场的空间分布特征用磁感线形象化表示是解决磁场问题的关键点。

2. 运用安培定则、左手定则、右手定则等知识,判断磁场方向和载流导线、运动的带电粒子受力情况是将力学知识与磁场问题相结合的切入点。

3. 运用数学知识,特别是平面几何当作为本讲解决问题的主要工具。

4. 能够实现将磁场分布的三维空间转化为平面空间是本讲分析问题的主要手段。

## 典型错题分析

初学者常犯的错误主要表现在:

1. 不能准确地再现问题中所叙述的磁场空间分布特征和三维空间与平面空间的转换。

2. 运用安培定则、左手定则、右手定则等知识判断载流导线的磁场分布、运动的带电粒子受力情况时出错,特别是左手定则和右手定则相互混淆。

3. 运用几何知识时出现错误。

4. 不善于分析多过程的物理问题。

▲例1　指南针是我国古代四大发明之一。关于指南针,下列说法正确的是 (　　)

A. 指南针可以仅有一个磁极

B. 指南针能够指向南北,说明地球具有磁场

C.指南针的指向会受到附近铁块的干扰

D.在指南针正上方附近沿指针方向放置一直导线,导线通电时指南针不偏转

【错解】 选 A 或者 D。

【错解分析】 不能够"透过现象看本质"。对磁现象的电本质缺乏深刻理解,特别是对安培假说的理解不到位。

【正确解答】 指南针不可以仅有一个磁极,故 A 项错误;指南针能够指向南北,说明地球具有磁场,故 B 项正确;当附近的铁块磁化时,指南针的指向会受到附近铁块的干扰,故 C 项正确;根据安培定则,在指南针正上方附近沿指针方向放置一直导线,导线通电时会产生磁场,指南针会偏转至与导线垂直,故 D 项错误。

故本题正确选项为 B、C。

【自我分析】 经过多年教育改革尝试,素质教育成效显著,但与"立德树人"的要求还存在一定差距,特别是与我们要培养什么样的人还有很大一段差距,主要表现在"重智轻德,单纯追求分数和升学率,学生的社会责任感、创新精神和实践能力较为薄弱"。具体到课程领域,体现为"高校与高中课程目标、高中与初中课程目标、初中与小学课程目标有机衔接不够,部分学科内容交叉重复,而部分课程目标避重就轻,课程教材的系统性、适应性不强"等困难,所以学生从上学到走向社会,基本上没有进行过系统性的学习和培养,学习的过程缺乏连续性和前瞻性,认识世界往往具有片面性和表面性,不能够"透过现象看本质",这是目前高中生学习中的最大障碍。因为我们从小学、初中就没有系统性地培养过学科的基本素养,所以当我们的认识仅仅停留在事件的表象上时,我们的思维也就处于"朦胧"状态。

▲例2 如图7-1所示,两根光滑平行导轨水平放置,间距为 $L$,其间有竖直向下的匀强磁场,磁感应强度为 $B$。垂直于导轨水平对称放置一根均匀金属棒。从 $t=0$ 时刻起,棒上有如图7-2所示的持续交变电流 $I$,周期为 $T$,最大值为 $I_m$,图7-1中 $I$ 所示方向为电流正方向。则金属棒 （　　）

A.一直向右移动

B.速度随时间周期性变化

C.受到的安培力随时间周期性变化

D.金属棒左右来回振动

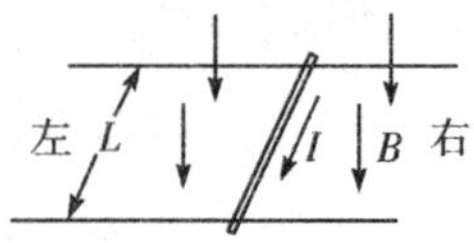

图7-1

【错解】 选 ABD。

【错解分析】 不加分析"想当然"。一是未选择研究对象的运动过程而做受力分析,二是也没有分析力和运动的关系。

【正确解答】 根据题意得出 $v-t$ 图象如图7-3所示,金属棒一直向右运动,A 项正确;速度随时间做周期性变化,B 项正确;据 $F_安=BIL$ 及左手定则可判定,$F_安$ 大小不变,方向做周期性变化,则 C 项正确;

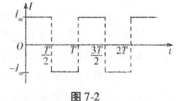

图7-2

$F_安$ 在前半周期做正功,后半周期做负功,则 D 项错误。

故本题应选 ABC。

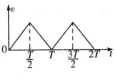

图 7-3

【自我分析】　基于物理学科核心素养四个维度 2.2 科学
思维中的阐述,"'科学思维'是从物理学视角对客观事物的本
质属性、内在规律及相互关系的认识方式;是基于经验事实建
构理想模型的抽象概括过程;是分析综合、推理论证等方法的
内化;是基于事实证据和科学推理对不同观点和结论,并提出
质疑、批判、检验和修正,进而提出创造性见解的能力与品质。"初学者进入高中阶段
开始物理的学习,先接触到的是运动学部分,而这一部分对于提升学生对物理的兴
趣、深化、活化物理思维有着最直接的影响。运动学类题解法多样,如果能较好地掌
握图象法,不仅可以体会到"柳暗花明又一村"的激动,也可以感受到学习物理也可
以如此简单、直观、"有形"。应用图象法处理此类问题的一般方法与步骤是:

①分析物体的运动特征,把握其运动性质及其所遵循的运动规律,即先建立物
理问题的数学模型。

②依据数学模型,即函数关系式,在同一坐标系中定性作出各个物体的运动图线。

③依据图象"点""线""面"等的物理意义建立方程并求解。

▲例 3　如图 7-4 所示,水平放置的扁平条形磁铁,在
磁铁的左端正上方有一线框,线框平面与磁铁垂直,当线
框从左端正上方沿水平方向平移到右端正上方的过程中,
穿过它的磁通量的变化是　　　　　　　　　　 (　　)

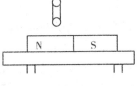

图 7-4

A. 先减小后增大　　　　　　　B. 始终减小
C. 始终增大　　　　　　　　　D. 先增大后减小

【错解】　条形磁铁的磁性两极强,故线框从磁极的一端移到另一端的过程中磁
性由强到弱再到强,由磁通量计算公式可知 $\varphi = B \cdot S$,线框面积不变,$\varphi$ 与 $B$ 呈正比
例关系,所以选 A。

【错解分析】　"盲目乐观"出差错。做题时没有真正搞清楚磁通量的概念,脑
子里未正确形成条形磁铁的磁力线空间分布的模型。因
此,盲目地套用磁通量的计算公式 $\varphi = B \cdot S$。

【正确解答】　规范画出条形磁铁的磁感线空间分布
的剖面图,如图 7-5 所示。利用 $\varphi = B \cdot S$,判断出穿过闭
合线圈的磁通量先增大后减小,故选 D。

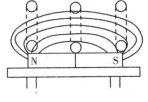

图 7-5

【自我分析】　一名伟大物理学家有可能也是一名伟
大的数学家,但是反过来就不一定了。数学工具对于物理研究太重要了,但数学与
物理又有着本质上的差别。例如,对于 $\varphi = B \cdot S$ 计算公式使用时是有条件的,$B$ 是
匀强磁场且要求 $B$ 垂直 $S$,所以磁感应强度大的位置磁通量不一定大。而本题的两

极上方的磁场不是匀强磁场,磁场与正上方线框平面所成的角度又未知,难以定量加以计算。编写此题的目的就是想提醒同学们对物理公式的认识,不能"依葫芦画瓢"。其实对于磁通量的理解,我们应当从以下几个方面去认识:

(1)定义:穿过某一面积的磁感线条数(注意仅仅是"数")。磁通量的变化 $\Delta\varphi = \varphi_2 - \varphi_1$。

(2)匀强磁场中 $\varphi = BS\cos\theta$($\theta$ 表示 $B$ 与 $S$ 之间的夹角)。

(3)磁通量 $\varphi$ 是标量,有正负之分(其正负表示磁感线从哪一面穿过)。

▲例4　有一自由的矩形导体线圈,通以电流 $I'$,将其移入通以恒定电流 $I$ 的长直导线的右侧。其 $ab$ 与 $cd$ 边跟长直导体 $AB$ 在同一平面内且互相平行,如图7-6所示。试判断将该线圈从静止到释放后的受力和运动情况。(不计重力)

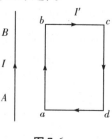

图 7-6

【错解】　向外加速。

【错解分析】　"生搬硬套"闹别扭。由于受"等效"思维的影响,初学者常常借助磁极的相互作用来判断。由于长直导线电流产生的磁场在矩形线圈所在的磁感线方向为垂直纸面向里,它等效于条形磁铁的 N 极正对矩形线圈向里。因为通电线圈相当于环形电流,其磁极由右手螺旋定则判定为 S 极向外,它将受到等效 N 极的吸引,于是通电矩形线圈将垂直纸面向外加速。

【正确解答】　利用左手定则判断。先画出直线电流的磁场在矩形线圈所在处的磁感线分布,由右手螺旋定则确定其磁感线的方向垂直纸面向里,如图7-7所示。线圈的四条边所受安培力的方向由左手定则判定。其中 $F_1$ 与 $F_3$ 相互平衡,因 $ab$ 边所处的磁场比 $cd$ 边所处的强,故 $F_4 > F_2$。由此可知,矩形线圈 $abcd$ 所受安培力的合力的方向向左,它将加速向左运动而与导体 $AB$ 靠拢。

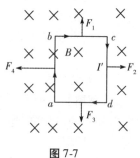

图 7-7

【自我分析】　基于新课程学习的三个学习维度"过程与方法3. 能计划并调控自己的学习过程,通过自己的努力能解决学习中遇到的一些物理问题,有一定的自主学习能力",对学生的自主学习提出了明确的要求。虽然从科学思维的角度上看"等效"思维是物理学的重要思维方式,但是用等效的思想处理问题是有条件的,磁场的等效应该是磁场的分布有相似之处。例如,条形磁铁与通电直螺线管的磁场大致相似,就可以等效。所以,应该老老实实地将两个磁场画出来,通过比较看是否满足等效的条件,然后去分析问题。在本题中,直线电流的磁场根本就不能等效为匀强磁场,所以深刻理解几种常见磁体和常见电流的磁感线分布特征是有必要的。

▲例5　如图7-8所示,两根相互平行的长直导线过纸面上的 $M$、$N$ 两点,且与纸面垂直,导线中通有大小相等、方向相反的电流。$a$、$O$、$b$ 在 $M$、$N$ 的连线上,$O$ 为 $MN$ 的中点,$c$、$d$ 位于 $MN$ 的中垂线上,且 $a$、$b$、$c$、$d$ 到 $O$ 点的距离均相等。关于以上几点处的磁场,下列说法正确的是　　　　　　　　　（　　）

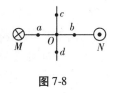

图7-8

A. $O$ 点处的磁感应强度为零

B. $a$、$b$ 两点处的磁感应强度大小相等,方向相反

C. $c$、$d$ 两点处的磁感应强度大小相等,方向相同

D. $a$、$c$ 两点处磁感应强度的方向不同

【错解】　选 A 或者选 B。因为根据直线电流的磁场的磁感线分布特征,两直线电流在 $O$、$a$、$b$、$c$、$d$ 点的磁场方向都遵从安培定则,再利用平行四边形法则合成。

【错解分析】　思路正确无误,但是选 A 的错误是将直线电流在 $O$ 点产生的磁场认为大小相等,方向相反进行合成。选 B 的错误是未注意到直线电流在 $a$、$b$ 两点的磁场具有对称性。

【正确解答】　根据安培定则可判断 $M$、$N$ 两点处的直线电流在 $a$、$b$、$c$、$d$、$O$ 各点产生的磁场方向如图7-9所示,再利用对称性和平行四边形定则可确定各点(合)磁场的方向。磁场叠加后可知,$a$、$b$、$c$、$d$、$O$ 的磁场方向均相同,$a$、$b$ 点的磁感应强度大小相等,$c$、$d$ 两点的磁感应强度大小相等。所以只有 C 项正确。

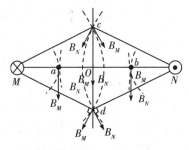

图7-9

【自我分析】　构建学科素养重点要解决两个问题,"一是把对学生德智体美全面发展总体要求和社会主义核心价值观的有关内容具体化、细化,转化为具体的品格和能力要求,进而贯穿各个学段,融合到各学科,最后体现在学生身上,深入回答'培养什么人、怎样培养人'的问题。二是为衡量学生全面发展状况提供评判依据,引导教育教学评价从单纯考查学生的基本知识和基本技能转向考查学生的综合素质",这个回答非常具体,而且到位。虽然磁场的矢量叠加与电场的矢量叠加遵从的法则完全一样,但由于中学物理中不讨论磁感强度与距离以及电流强弱之间的关系问题,这就给部分初学者造成一种错误认识,因而解决问题时不注意两种场在本质上的差异。

▲例6　如图7-10所示,金属棒 $MN$ 两端由等长的轻质细线水平悬挂,处于竖直向上的匀强磁场中,棒中通以由 $M$ 向 $N$ 的电流,平衡时两悬线与竖直方向夹角均为 $\theta$。如果仅

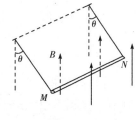

图7-10

改变下列某一个条件，$\theta$ 角的相应变化情况是 （　　）

  A. 棒中的电流变大，$\theta$ 角变大  B. 两悬线等长变短，$\theta$ 角变小

  C. 金属棒质量变大，$\theta$ 角变大  D. 磁感应强度变大，$\theta$ 角变小

【错解】 选 B。

【错解分析】 "先入为主"想当然。上述分析受到题目中三维空间的干扰，误认为悬线越短，导线的位置越高，$\theta$ 越大，故选 B。

【正确解答】 以金属棒为研究对象，受力分析如图 7-11 所示。
由三力平衡的特点得

$$\tan\theta = \frac{BIL}{mg}$$

显然，悬线的长度对 $\theta$ 角没有影响，B 项错误。正确答案为 A。

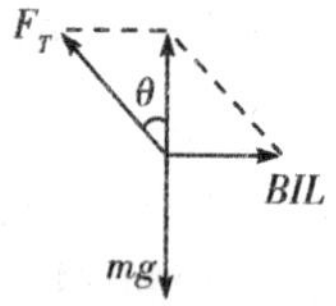

图 7-11

【自我分析】 本题是一道简单题，又是一道力学与电学知识交叉的综合试题。但是，由于初学者解决物理问题技能技巧上的缺陷造成的思维障碍使其思维处于发散状态。常规情况下思维总是从一个中心问题开始，再根据有关的物理概念、规律和逻辑关系不断向外展开，从初始状态出发，经过一步步的中间状态，在问题空间中搜索前进，最后达到目标状态。但在中间搜索中必须抓住关键环节，即思维中心，否则，思维就处在混乱无序的状态，使问题难以解决，这也是造成思维障碍的一种原因。而形成思维中心的方法一般有常规的接近目标法与非常规的背离目标法两种，前者是找到关键的、有助于逐步使中间状态接近目标状态的思维方法，后者是逐步让中心目标与目标状态相矛盾的思维方法。

▲例 7 如图 7-12 所示，带负电的粒子垂直磁场方向进入圆形匀强磁场区域，出磁场时速度偏离原方向 60° 角，已知带电粒子质量 $m = 6 \times 10^{-20}$ kg，电量 $q = 1.0 \times 10^{-13}$ C，速度 $v_0 = 1.0 \times 10^5$ m/s，磁场区域的半径 $R = 6 \times 10^{-1}$ m，不计重力，求磁场的磁感应强度。

【错解】 带电粒子在磁场中做匀速圆周运动，根据牛顿第二定律得

$$Bqv_0 = \frac{mv_0^2}{R}$$

代入已知得

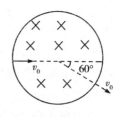

$$B = \frac{mv_0^2}{qvR} = 10^{-1}\text{ T}$$

图 7-12

【错解分析】 "一知半解"想当然。没有依据题意画出带电粒子的运动轨迹示意图，直接将圆形磁场的半径当作粒子运动的半径，说明对公式中有关物理量的物理意义不理解。

**【正确解答】** 由题意大致画出粒子的运动轨迹,画出进、出磁场速度的垂线交于点 $O'$,$O'$ 点即为粒子做圆周运动的圆心,如图 7-13 所示,若圆的半径记为 $r$,则由几何知识可得带电粒子在磁场中做匀速圆周运动

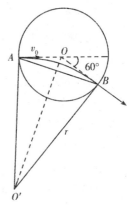

$$Bqv_0 = \frac{mv_0^2}{r}$$

代入已知得

$$B = \frac{\sqrt{3}}{3} \times 10^{-1} \text{ T}$$

**【自我分析】** 基于我国对"核心素养"的界定,今后学生的学习就必须从"知识传递"转向"知识建构",学生不缺少知识,而是缺少系统的知识。这标志着我国基础教育的课程发展进入一个新的阶段。解决匀强磁场中带电粒子的运动问题,基本上是一种固化的思维模式,即画轨迹、找圆心、定半径、算时间。具体方法是:

图 7-13

(1)圆心的确定:因洛伦兹力 $f$ 指向圆心,根据 $f \perp v$,画出粒子轨迹中的任意两点(一般是射入和射出磁场的两点)的 $f$ 的方向,沿两个洛伦兹力 $f$ 画其延长线,两延长线的交点即为圆心,或利用圆心位置必定在圆中一根弦的中垂线上,找出圆心位置。

(2)半径的确定和计算:利用平面几何关系或半径公式,求出该圆的可能半径(或圆心角),并注意以下两个重要的几何特点:

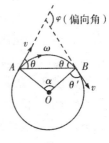

①粒子速度的偏向角 $\varphi$ 等于圆心角 $\alpha$,并等于 $AB$ 弦与切线的夹角 $\theta$(弦切角)的 2 倍,如图 7-14 所示,即 $\varphi = \alpha = 2\theta = \omega t$。

②弦相对应的弦切角 $\theta$ 相等,与相邻的弦切角 $\theta'$ 互补,即 $\theta + \theta' = 180°$。

图 7-14

(3)粒子在磁场中运动时间 $t$ 的确定:利用圆心角与弦切角的关系,或者利用四边形内角和等于 360°,计算出圆心角 $\alpha$ 的大小,由公式 $t = \frac{\alpha}{360°}T$ 可求出粒子在磁场中运动的时间 $t$。

(4)注意圆周运动中的有关对称规律:如从某一直线边界射入的粒子,从同一边界射出时,速度与边界的夹角相等;在圆形磁场区域内,沿径向射入的粒子,必沿径向射出。

▲**例8** 如图 7-15 所示,在真空中匀强电场的方向竖直向下,匀强磁场方向垂直于纸面向里,3 个油滴 $a$、$b$、$c$ 带有等量同种电荷,其中 $a$ 静止,$b$ 向右匀速运动,

$c$ 向左匀速运动,比较它们重力的关系,正确的是　　　　(　)

A. $G_a$ 最大　　　　　　　　B. $G_b$ 最小

C. $G_c$ 最大　　　　　　　　D. $G_b$ 最大

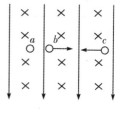

图 7-15

【错解】　选 AC。

【错解分析】　不能正确辨析油滴带电正负,不能正确判定洛伦兹力方向,或错用右手进行判断,将错选 AC。

【正确解答】　对于油滴 $a$:由于静止,不受洛伦兹力作用,所受电场力竖直向上,油滴一定带负电。由共点力平衡条件可得 $G_a = qE$;

对于油滴 $b$:由于所受洛伦兹力竖直向下,由共点力平衡条件可得 $M_b + qE = Bqv$;

对于油滴 $c$:所受洛伦兹力竖直向上,由共点力平衡条件可得 $G_c = qE - Bqv$。

比较上述结论,本题选 BC。

【自我分析】　要发展学科素养,提升思维品质是关键,而提升思维品质的关键靠问题,学科素养指向的四大方面是指能判断、会选择;能理解、会反思;能包容、会合作;能自律、会自主。这都与思维的品质相关。可以说,思维品质是核心素养的"牛鼻子",我们如果能够紧紧抓住它,也就抓住了核心、抓住了关键。例如本题将三种场复合在一起,通过设置初态不同的三个粒子进行比较,由于洛伦兹力大小与粒子相对磁场运动的速度、大小及方向有关,电场力的大小则与粒子相对电场的速度无关。电场力的方向一定在场强方向所在直线上,洛伦兹力方向一定与速度方向垂直。运用左手定则判断洛伦兹力方向时,对正电荷,四指指向粒子的速度方向,对负电荷四指应指向速度的反方向。

▲例9　摆长为 $L$ 的单摆在匀强磁场中摆动,摆动平面与磁场方向垂直,如图 7-16 所示。摆动中摆线始终绷紧,若摆球带正电,电量为 $q$,质量为 $m$,磁感应强度为 $B$,当球从最高处摆到最低处时,摆线上的拉力 $T$ 多大?

【错解】　以摆球为研究对象,摆动过程中受到三个力,其中拉力 $T$ 和洛伦兹力 $f_{洛}$ 始终垂直于速度 $v$,不做功,所以根据机械能守恒定律得

$$mgL(1 - \cos \alpha) = \frac{1}{2}mv^2$$

解得

$$v = \sqrt{2gL(1 - \cos \alpha)}$$

在 $C$ 处,$f_{洛}$ 竖直向上,根据牛顿第二定律则有

$$T + f_{洛} - mg = ma_{向} = m\frac{v^2}{L}$$

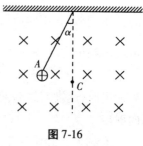

图 7-16

变形求解得

$$T = m\frac{v^2}{L} + mg - f_{洛} = 2mg(1 - \cos\alpha) + mg - Bqv$$

$$= 3mg - 2mg\cos\alpha - Bq\sqrt{2gL(1 - \cos\alpha)}$$

**【错解分析】**　"一叶障目不见泰山"。认为题目中"从最高点到最低处"是指 $A$ 到 $C$ 的过程,实际上球可以从左到右和从右到左两个方向经过最低点。

**【正确解答】**　球从左右两方经过最低点,因速度方向不同,引起 $f_{洛}$ 不同,受力分析如图7-17(a)和图7-17(b)所示。由于摆动时 $f_{洛}$ 和 $F_{拉}$ 都不做功,机械能守恒,小球无论向左、向右摆动过 $C$ 点,其速度大小都相同,方向相反。

摆球从最高点到达最低点 $C$ 的过程满足机械能守恒定律

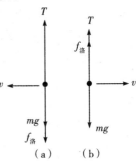

图7-17

$$mgL(1 - \cos\alpha) = \frac{1}{2}mv^2$$

解得

$$v = \sqrt{2gL(1 - \cos\alpha)}$$

当摆球在 $C$ 处的速度向右,根据左手定则,$f_{洛}$ 竖直向上,根据牛顿第二定律则有

$$T + f_{洛} - mg = ma_{向} = \frac{v^2}{L}$$

解得

$$T = m\frac{v^2}{L} + mg - f_{洛} = 2mg(1 - \cos\alpha) + mg - Bqv$$

$$= 3mg - 2mg\cos\alpha - Bq\sqrt{2gL(1 - \cos\alpha)}$$

当摆球在 $C$ 处的速度向左,$f_{洛}$ 竖直向下,根据牛顿第二定律则有

$$T - f_{洛} - mg = ma_{向} = m\frac{v^2}{L}$$

解得

$$T = m\frac{v^2}{L} + mg + f_{洛} = 2mg(1 - \cos\alpha) + mg + Bqv$$

$$= 3mg - 2mg\cos\alpha + Bq\sqrt{2gL(1 - \cos\alpha)}$$

综上所述,摆到最低处时,摆线上的拉力为

$$T = 3mg - 2mg\cos\alpha \pm Bq\sqrt{2gL(1 - \cos\alpha)}$$

**【自我分析】**　新课程的三个维度"知识和技能""过程和方法""情感、态度和价值观"是一个密不可分的有机整体。其中"知识与技能"目标是组织教学的基础,离

开了"知识与技能"目标而去谈"过程与方法,情感、态度与价值观"是没有意义的。同时"知识与技能"的实现必须体现过程性,注重策略与方法,注重学生的亲身实践与操作的过程,注重学生的自主探究和思考的过程,从而使得"知识与技能"目标得以实现。而"情感、态度与价值观"目标只有在学生获取知识形成能力的过程中才得以实现,离开了"知识与技能、过程与方法","情感、态度与价值"就成为无源之水。本题涉及带电粒子在复合场中的运动问题,虽然有难度,但真正的难点不是来源于题目本身,而是来自"习惯"和"态度",解决物理问题的"习惯"和"态度"很重要,这就要对题目所叙述的各个状态认真画出速度方向,用左手定则判断洛伦兹力的方向。其余就是运用牛顿第二定律和机械能守恒定律解题。

▲**例 10** 设空间存在竖直向下的匀强电场和垂直纸面向里的匀强磁场,如图 7-18 所示,已知一离子在电场力和洛伦兹力的作用下,从静止开始自 A 点沿曲线 ACB 运动,到达 B 点时速度为零,C 点是运动的最低点,忽略重力,以下说法正确的是 （    ）

A. 该离子必带正电荷

B. A 点和 B 点位于同一高度

C. 离子在 C 点时速度最大

D. 离子到达 B 点时,将沿原曲线返回 A 点

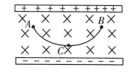

图 7-18

**【错解】** 根据振动的往复性,离子到达 B 点后,将沿原曲线返回 A 点,故选 D。

**【错解分析】** "主观臆断想当然"。初学者受"振动"现象的影响,当离子到达 B 点后,将沿原曲线返回 A 点。实际上离子从 B 点开始运动后的受力情况与从 A 点运动后的受力情况相同,并不存在像振动那样有一个指向 BCA 弧内侧的回复力,使离子返回 A 点,而是如图 7-19 所示,由 B 经 $C'$ 点到 $B'$ 点。

**【正确解答】** 对于 A 选项,平行板间电场方向向下,离子 A 点静止,释放后在电场力的作用下是向下运动的,可见电场力一定向下,所以离子必带正电荷,选 A。

对于 B 选项,离子具有速度后,它就在向下的电场力 F 及总与速度方向垂直并不断改变方向的洛伦兹力 f 作用下沿 ACB 曲线运动,因洛伦兹力不做功,电场力做功等于动能的变化,而离子到达 B 点时的速度为零,所以从 A 到 B,电场力所做正功与负功总和为零。这说明离子在电场中的 B 点与 A 点的电势能相等,即 B 点与 A 点位于同一高度,选 B。

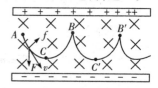

图 7-19

对于 C 选项,因为 C 点为轨道最低点,离子从 A 点运动到 C 点,电场力做功最多,C 点具有的动能最多,所以离子在 C 点速度最大,选 C。

对于 D 选项,要将离子在 B 点的状态与 A 点进行比较就可以发现,它们的状态

（速度为零,电势能相等）相同,如果右侧仍有同样的电场和磁场的叠加区域,离子就将在 $B$ 点的右侧重现前面的曲线运动,因此,离子是不可能沿原曲线返回 $A$ 点的。

故 A、B、C 为正确答案。

**【自我分析】**　牛顿运动定律是整个物理学的基石,初速度和加速度（合外力）的关系决定物体的运动情况。在力学部分绝大部分的习题所涉及的外力都是恒力。加速度大小、方向都不变。只要判断初始时刻加速度与初速度的关系,就可以判断物体以后的运动。本题中由于洛伦兹力的方向总垂直于速度方向,使得洛伦兹力与电场力的矢量和总在变化。所以只做一次分析就武断地下结论,必然会把原来力学中的结论照搬到这里,出现生搬硬套的错误。

其实,中学物理中的定性分析难度往往大于定量计算,因为牵涉到定量计算的物理问题,我们已经有了固定的物理模型,并且在模型的指导下解决问题。而定性分析则不然,涉及的物理情境好像在我们的"意料之中"（比如本题中的受力情况）,但往往分析的过程中又感觉到物理情境又在"意料之外"（比如本题中力对运动产生的影响）,这就要求初学者必须"耐得住寂寞",一边分析一边判断,否则"欲速则不达"。

▲**例 11**　如图 7-20 所示,空中有水平向右的匀强电场和垂直于纸面向外的匀强磁场,质量为 $m$,带电量为 $+q$ 的滑块沿水平向右做匀速直线运动,滑块和水平面间的动摩擦因数为 $\mu$,滑块与墙碰撞后速度为原来的一半。滑块返回时,去掉了电场,恰好也做匀速直线运动,求原来电场强度的大小。

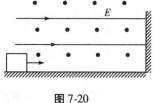

图 7-20

**【错解】**　以滑块为研究对象,碰撞前,滑块做匀速运动,故有 $Eq = \mu(mg + Bqv)$。

返回时无电场力作用,仍做匀速运动,水平方向无外力,竖直方向有 $N = Bgv + mg$。

因为水平方向无摩擦,可知 $N = 0$, $Bqv = -mg$。

解得 $E = 0$。

**【错解分析】**　"盲目模仿出伴谬"。错解中有两个错误:①返回时,速度反向,洛伦兹力也应该改变方向。②返回时,速度大小应为原速度的一半。

**【正确解答】**　以滑块为研究对象,碰撞前做匀速运动,所以有 $Eq = \mu(mg + Bqv)$。

返回时无电场力作用,仍做匀速运动,水平方向无外力,摩擦力 $f = 0$,则 $N = 0$。

所以竖直方向上有 $Bqv/2 = mg$;

解得 $E = 3\dfrac{\mu mg}{q}$。

【自我分析】 实践证明，"科学思维永远大于盲目计算"，不重视读题、审题，并按照动力学问题的一般思维顺序分析问题，急于列式解题而忽略过程分析，必然要犯经验主义的错误。其实对于带电粒子在复合场中的运动问题，定量计算比定性分析容易得分，中学物理中一般着重讨论以下几种情况：

（1）带电粒子在复合场中做直线运动。

①带电粒子所受合外力为零时，做匀速直线运动。处理这类问题，应根据受力平衡列方程求解。

②带电粒子所受合外力恒定，且与初速度在一条直线上，粒子将做匀变速直线运动。处理这类问题，根据洛伦兹力不做功的特点，选用牛顿第二定律、动量定理、动能定理、能量守恒等规律列方程求解。

（2）带电粒子在复合场中做曲线运动。

①当带电粒子在所受的重力与电场力等值反向，洛伦兹力提供向心力时，带电粒子在垂直于磁场的平面内做匀速圆周运动。处理这类问题，往往同时应用牛顿第二定律、动能定理列方程求解。

②当带电粒子所受的合外力是变力，与初速度方向不在同一直线上时，粒子做非匀变速曲线运动，这时粒子的运动轨迹既不是圆弧，也不是抛物线。处理这类问题，一般选用动能定理或能量守恒列方程求解。

③由于带电粒子在复合场中受力情况复杂，运动情况多变，往往出现临界问题，这时应以题目中"最大""最高""至少"等词语为突破口，挖掘隐含条件，根据临界条件列出辅助方程，再与其他方程联立求解。

▲例12 如图 7-21 为方向相互垂直的匀强电场和匀强磁场区域。电场强度为 $E$，磁感强度为 $B$，复合场的水平宽度为 $d$，竖直方向足够长。现有一束电量为 $+q$、质量为 $m$，初速度各不相同的粒子沿电场方向进入场区，则能够从场中飞出的粒子的动能增量 $\Delta Ek$ 有可能是 （ ）

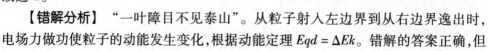

图 7-21

A. 0

B. $0 \sim Eqd$

C. $Eqd$

D. 以上都有可能

【错解】 由于是一束粒子，当这束初速度不同、电量为 $+q$、质量为 $m$ 的带电粒子流射入电场中时，由于带电粒子在磁场中受到的洛伦兹力是与粒子运动方向垂直的，粒子将发生不同程度的偏转。有些粒子虽然发生偏转，但仍能从入射界面的对面逸出场区，有些粒子则留在场区内运动。故选 C。

【错解分析】 "一叶障目不见泰山"。从粒子射入左边界到从右边界逸出时，电场力做功使粒子的动能发生变化，根据动能定理 $Eqd = \Delta Ek$。错解的答案正确，但是不全面,没有考虑仍从左边界逸出的情况。

【正确解答】　解决问题必须注意到带电粒子在磁场中受到的洛伦兹力是与粒子运动方向垂直的,它只能使速度方向发生变化。粒子速度越大,方向变化越快。因此,当一束初速度不同、电量为 $+q$、质量为 $m$ 的带电粒子流射入电场中,将发生不同程度的偏转。有些粒子虽发生偏转,但仍能从入射界面的对面逸出场区(同错解答案),有些粒子将留在场区内运动,还有些粒子将折回入射面并从入射面逸出场区。由于洛伦兹力不会使粒子速度大小发生变化,故逸出场区的粒子的动能增量等于电场力功。对于那些折回入射面的粒子,其电场力功为零,动能不变,动能增量 $\Delta Ek = 0$。故选 AC。

【自我分析】　实践表明,学科素养是最基础、最具生长性的关键性素养,就像房屋的地基,它决定房屋的高度。学科素养的形成具有一定的关键期,错过了这个关键期就很难再弥补回来,高中阶段恰好是物理学科素养形成的关键期,所以物理学习就要抓住这一阶段的关键期,有效促使每一个学生达成与这一阶段相对应的应该达到的核心素养目标。例如对于带电粒子在复合场中的运动问题,是高考的一个热点,考查全面,能力要求高,命题者乐此不疲。但是,要理解这个问题,需要我们建立全新的,并且是开放性的运动观念和能量观念,才能灵活自如地分析问题。本题考查带电粒子在磁场中的运动和能量变化,计算量很小,但要求对动能定理、电场力、磁场力等基本概念、基本规律有比较深入的理解,而且能够与题目所给的带电粒子的运动相结合才能求得解答,在分析时,特别要注意对关键词语的分析,例如“飞出场区”的准确含义是从任何一个边界逸出场区均可。

另外,在分析带电粒子在复合场中的运动问题时,如果涉及能量问题,一定要注意洛伦兹力永远不做功,动能变化是由除洛伦兹力以外的其他力做功而引起的。

▲例13　一个共有10匝的闭合矩形线圈,总电阻为 $10\ \Omega$、面积为 $0.04\ \mathrm{m}^2$,置于水平面上。从上向下俯视,若线框内的磁感强度在 $0.02\ \mathrm{s}$ 内,由垂直纸面向里,从 $1.6\ \mathrm{T}$ 均匀减少到零,再反向均匀增加到 $2.4\ \mathrm{T}$。则在此时间内,关于线圈中的感应电流大小和方向,下列说法正确的是　　　　　　　　　　　(　　)

A. 电流方向为顺时针,大小为 1.6 A

B. 电流方向为逆时针,大小为 8 A

C. 电流方向为顺时针,大小为 8 A

D. 电流方向为逆时针,大小为 1.6 A

【错解】　由于磁感强度均匀变化,使得闭合线圈中产生感应电流,根据法拉第电磁感应定律,感应电动势为

$$E = nS \frac{\Delta \Phi}{\Delta t} = nS \frac{B_2 - B_1}{\Delta t} = 16\ \mathrm{V}$$

回路中电流

$$I = \frac{E}{R} = 1.6 \text{ A}$$

**【错解分析】**  "死套公式"闹别扭。根据楞次定律，开始时，原磁场方向垂直纸面向里，而且是均匀减少的。那么，感应电流产生的磁场的方向应该与原磁场方向相同，仍然向里。再根据安培定则判断感应电流的方向为顺时针方向。同理，既然原磁场均匀减少，产生的感应电流的方向为顺时针方向，那么，原磁场均匀增加时，产生的感应电流的方向必然是逆时针方向。

由磁场的变化而产生感应电动势，根据法拉第电磁感应定律计算电动势时，在 0.02 s 内，磁场的方向发生了一次反向。设垂直纸面向里为正方向，$\Delta B = B_2 - (-B_1') = B_2 + B_1$。

**【正确解答】**  根据法拉第电磁感应定律

$$E = nS \frac{\Delta \Phi}{\Delta t} = nS \frac{B_2 + B_1}{\Delta t} = 80 \text{ V}$$

回路中电流

$$I = \frac{E}{R} = 8 \text{ A}$$

根据楞次定律，磁感强度 $B$ 从 $B_1$ 开始均匀减少到零的过程中，感应电流的磁场阻碍原磁通的减少，与原磁通的方向同向，感应电流的方向是顺时针的。接着磁感强度 $B$ 从零开始反方向均匀增加到 $B_2$，在这个过程中，穿过闭合线圈的磁通量反方向增加，感应电流的磁场要阻碍原磁场的增加，其方向是垂直纸面向里，再根据安培定则判断感应电流的方向仍然是顺时针的。

**【自我分析】**  物理学科中无论是对"概念的理解""规律的掌握"，还是"实验的成功""练习的完成"，或者"对物理学家精神的感悟"等，都蕴含丰富的物理学科素养，应充分利用物理学科的优势，将真实的历史事件、感人的科学精神、不断创新的思维方法融入物理学习中去。例如学习电磁感应定律时，我们应该能想起具有"伟大的一生，而凄苦的童年"的英国科学家法拉第，应用楞次定律时应该能想起"功勋卓著，而为人低调"的德国科学家楞次。当然，今天我们要重新学习这一定律，特别要注意以下三点：

（1）应用楞次定律解题要先判断原磁通的方向及其变化趋势，再用"阻碍变化"的原则来判断感应电流的磁场的方向，最后用右手定则来判断感应电流的方向。

（2）感应电流的磁场阻碍的是引起感应电流的磁通量的变化，不要把"阻碍变化"简单地理解为原磁场均匀减少，电流就是顺时针，原磁场均匀增加，感应电流就是逆时针。

（3）磁通量是有方向的标量，在确定其变化量时，一定要选择一个正方向。

▲例 14　如图 7-22 所示,竖直平面内有足够长的金属导轨,轨距 0.2 m,金属导体 ab 可在导轨上无摩擦地上下滑动,ab 的电阻为 0.4 Ω,导轨电阻不计,导轨 ab 的质量为 0.2 g,垂直纸面向里的匀强磁场的磁应强度为 0.2 T,且磁场区域足够大,当 ab 导体自由下落 0.4 s 时,突然接通电键 K,则

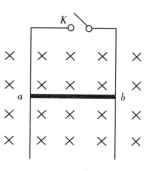

图 7-22

(1)试判断 K 接通后,ab 导体的运动情况。

(2)ab 导体匀速下落的速度是多少?（g 取 10 m/s²）

【错解】　(1)当 K 闭合后,ab 受重力和安培力作用,由于合外力向下,所以向下做加速运动,伴随 ab 速度的增大,安培力减小,加速度减小,当加速度减小为零时,ab 向下做匀速直线运动。

(2)略。

【错解分析】　受平时做题定势思维的影响,未对 ab 的受力情况和运动情况认真分析,开始就认为重力等于安培力,不善于定性分析物理问题。

【正确解答】　(1)以导体棒 ab 为研究对象,因为 K 闭合之前 ab 做自由落体运动,所以

$$v_0 = gt = 4 \text{ m/s}$$

当 K 闭合之后,ab 切割磁感线运动,而产生的感应电动势 $E = BLV$ 会在回路中产生感应电流

$$I = \frac{E}{R}$$

而感应电流又要受到安培力 $F = BIL$,所以

$$F = \frac{BL^2 v_0^2}{R} = 0.016 \text{ N} > mg = 0.002 \text{ N}$$

由此可知 ab 向下做减速运动,加速度的表达式为

$$a = \frac{F - mg}{m} = \frac{B^2 L^2 v}{mR} - g$$

当 $F = mg$ 时,$a = 0$,此时速度达到最大。

当速度达到最大时,由于 $a = 0$,故此时速度 $v_m = 0.5$ m/s。

(2)略。

【自我分析】　物理学科的学科素养相对课程标准中的三维目标而言,是站在一个更高的物理文化层面对高中物理教学提出的要求,超越对具体知识的学习,但是又以具体知识为载体,引导学生通过高水平的思维活动,形成物理基本观念,即从"知识为本"转向"观念建构"。必须把对问题所涉及的物理情景和物理过程的正确

分析作为解决物理题的前提条件,这往往比动手对题目进行计算还要重要,因为它反映了学生对题目的正确理解。高考试卷中有一些题目要求考生对题中所涉及的物理情境理解得非常清楚,对所发生的物理过程有正确的认识。虽然这个工作不是特别难,而是要求初学者有一个端正的科学态度,认真地依照题意画出过程草图,建立物理情境进行分析。对于电磁感应中的动力学问题,分析的思路和方法与牛顿运动定律完全一样,只是受力分析时多了一个安培力,但这类问题覆盖面广,题型也多种多样。解决这类问题的关键在于通过运动状态的分析来寻找过程中的临界状态,如速度、加速度取最大值或最小值的条件等,基本思路如图 7-23 所示。

当然,电磁感应问题一般来说综合性强,难度大。除了动力学问题之外,还有电磁感应中的能量问题、动量问题、电路问题、图象问题等等。而从能量观念出发分析此类问题可以使解题

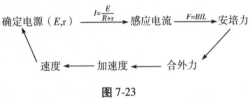

图 7-23

思路更加清晰。例如,在闭合电路的部分导体做切割磁感线运动引起的电磁感应现象中,一般有安培力做功,正是导体通过克服安培力做功将其他形式的能量转化为电能,这个值总是与做功过程中转化为电能的数值相等。在无摩擦的情况下,又与其他形式的能的减少数值相等。在只有纯电阻的电路中,电能又在电流流动的过程中克服电阻转化为电热 $Q_热$,这样可得到关系式 $\Delta E = \Delta E_电 = Q_热$,按照这个关系式解题,常常带来很多方便,如果有摩擦力做功,关系式为 $\Delta E = \Delta E_电 = Q_热$,关系式又可以写成 $\Delta E = \Delta E_电 + Q_热$。

## 【试一试】

1.【2017 全国 I 卷 18】扫描隧道显微镜(STM)用来探测样品表面原子尺寸上的形貌,为了有效隔离外界动对 STM 的扰动,在圆底盘周边沿其径向对称地安装若干对紫铜薄板,并施加磁场来快速衰减其微小震动,如图所示,无扰动时,按下列四种方案对紫铜薄板施加恒磁场;出现扰动后,对于紫铜薄板上下及其左右震动的衰减最有效的方案是 （　　）

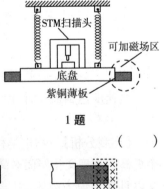

1 题

A　　　　　　B　　　　　　C　　　　　　D

2.【2017 **全国 I 卷** 19】(多选)如图,三根相互平行的固定长直导线 $L_1$、$L_2$ 和 $L_3$ 两两等距,均通有电流 $I$,$L_1$ 中电流方向与 $L_2$ 中的相同,与 $L_3$ 中的相反,下列说法正确的是　　　　　　　( )

A. $L_1$ 所受磁场作用力的方向与 $L_2$、$L_3$ 所在平面垂直

B. $L_3$ 所受磁场作用力的方向与 $L_1$、$L_2$ 所在平面垂直

C. $L_1$、$L_2$ 和 $L_3$ 单位长度所受的磁场作用力大小之比为 $1:1:\sqrt{3}$

2 题

D. $L_1$、$L_2$ 和 $L_3$ 单位长度所受的磁场作用力大小之比为 $\sqrt{3}:\sqrt{3}:1$

3.【2017 **全国 II 卷** 18】如图,虚线所示的圆形区域内存在一垂直于纸面的匀强磁场,$P$ 为磁场边界上的一点,大量相同的带电粒子以相同的速率经过 $P$ 点,在纸面内沿不同的方向射入磁场,若粒子射入的速度为 $v_1$,这些粒子在磁场边界的出射点分布在六分之一圆周上;若粒子射入速度为 $v_2$,相应的出射点分布在三分之一圆周上,不计重力及带电粒子之间的相互作用,则 $v_2:v_1$ 为　　　( )

3 题

A. $\sqrt{3}:2$　　　　B. $\sqrt{2}:1$　　　　C. $\sqrt{3}:1$　　　　D. $3:\sqrt{2}$

4.【2017 **全国 II 卷** 20】(多选)两条平行虚线间存在一匀强磁场,磁感应强度方向与纸面垂直。边长为 $0.1$ m、总电阻为 $0.005$ Ω 的正方形导线框 $abcd$ 位于纸面内,$cd$ 边与磁场边界平行,如图(a)所示。已知导线框一直向右做匀速直线运动,$cd$ 边于 $t=0$ 时刻进入磁场。线框中感应电动势随时间变化的图线如图(b)所示(感应电流的方向为顺时针时,感应电动势取正)。下列说法正确的是　　( )

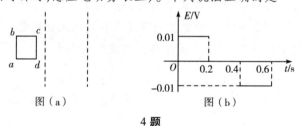

图(a)　　　　　　　图(b)

4 题

A. 磁感应强度的大小为 $0.5$ T

B. 导线框运动的速度的大小为 $0.5$ m/s

C. 磁感应强度的方向垂直于纸面向外

D. 在 $t=0.4$ s 至 $t=0.6$ s 这段时间内,导线框所受的安培力大小为 $0.1$ N

5.【2017 **全国 II 卷** 21】(多选)某同学自制的简易电动机示意图如图所示。矩形线圈由一根漆包线绕制而成,漆包线的两端分别从线圈的一组对边的中间位置引出,并作为线圈的转轴。将线圈架在两个金属支架之间,线圈平面位于竖直面内,永磁铁置于线圈下方。为了使电池与两金属支架连接后线圈能连续转动起

来,该同学应将                     (    )

A. 左、右转轴下侧的绝缘漆都刮掉

B. 左、右转轴上下两侧的绝缘漆都刮掉

C. 左转轴上侧的绝缘漆刮掉,右转轴下侧的绝缘漆刮掉

D. 左转轴上下两侧的绝缘漆都刮掉,右转轴下侧的绝缘漆刮掉

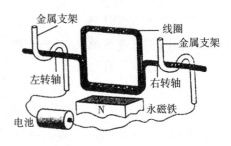

5题

6. 【2017 全国Ⅲ卷15】如图,在方向垂直于纸面向里的匀强磁场中有一 U 形金属导轨,导轨平面与磁场垂直。金属杆 PQ 置于导轨上并与导轨形成闭合回路 PQRS,一圆环形金属框 T 位于回路围成的区域内,线框与导轨共面。现让金属杆 PQ 突然向右运动,在运动开始的瞬间,关于感应电流的方向,下列说法正确的是                     (    )

6题

A. PQRS 中沿顺时针方向,T 中沿逆时针方向

B. PQRS 中沿顺时针方向,T 中沿顺时针方向

C. PQRS 中沿逆时针方向,T 中沿逆时针方向

D. PQRS 中沿逆时针方向,T 中沿顺时针方向

7. 【2017 全国Ⅲ卷18】如图,在磁感应强度大小为 $B_1$ 的匀强磁场中,两长直导线 P 和 Q 垂直于纸面固定放置,两者之间的距离为 l。在两导线中均通有方向垂直于纸面向里的电流 I 时,纸面内与两导线距离为 l 的 a 点处的磁感应强度为零。如果让 P 中的电流反向、其他条件不变,则 a 点处磁感应强度的大小为                     (    )

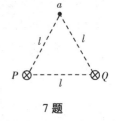

7题

A. 0          B. $\dfrac{\sqrt{3}}{3}B_0$          C. $\dfrac{2\sqrt{3}}{3}B_0$          D. $2B_0$

8. 【2017 全国Ⅱ卷18】如图,在同一水平面内有两根平行长导轨,导轨间存在依次相邻的矩形匀强磁场区域,区域宽度均为 l,磁感应强度大小相等、方向交替向上向下。一边长为 $\dfrac{3}{2}l$ 的正方形金属线框在导轨上向左匀速运动。线框中感应电流 i 随时间 t 变化的正确图线可能是                     (    )

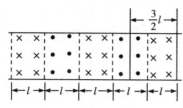

8题

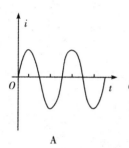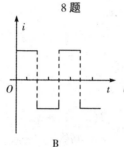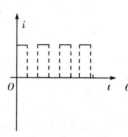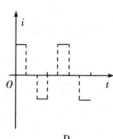

A     B     C     D

9.【2017全国Ⅲ卷24】如图,空间存在方向垂直于纸面($xOy$平面)向里的磁场。在$x \geq 0$的区域,磁感应强度的大小为$B_0$;$x < 0$的区域,磁感应强度的大小为$\lambda B_0$(常数$\lambda > 1$)。一质量为$m$、电荷量为$q(q > 0)$的带电粒子以速度$v_0$从坐标原点$O$沿$x$轴正向射入磁场,此时开始计时,当粒子的速度方向再次沿$x$轴正向时,求(不计重力)

（1）粒子运动的时间;

（2）粒子与$O$点间的距离。

9题

**【你犯错了吗】**

1. A 2. BC 3. C 4. BC 5. AD 6. D 7. C 8. D

9. 解析:粒子的运动轨迹如图所示,带电粒子在匀强磁场中做匀速圆周运动的向心力由洛伦兹力提供,所以在$x > 0$区域有

$$qvB_0 = \frac{mv_0^2}{R_1}$$

在$x < 0$区域有

$$qv(\lambda B_0) = \frac{mv_0^2}{R_2}$$

解得

$$R_1 = \frac{mv_0}{qB_0}; R_2 = \frac{mv_0}{q\lambda B_0}$$

在 $x > 0$ 区域的运动时间

$$t_1 = \frac{\pi R_1}{v_0}$$

在 $x < 0$ 区域的运动时间

$$t_2 = \frac{\pi R_2}{v_0}$$

粒子运动总时间

$$t = t_1 + t_2 = \frac{(\lambda + 1)\pi m}{\lambda q B_0}$$

粒子与 $O$ 点间的距离为

$$d = 2(R_1 - R_2) = \frac{2(\lambda - 1)mv_0}{\lambda q B_0}$$

高中物理易错第**8**讲

# 动量和能量

## 主要核心内容

1. 动量、冲量、反冲等基本概念。

2. 动量定理、动量守恒定律等基本规律。

3. 功能关系以及能的转化及其守恒定律。

## 基本思想方法

1. 一维矢量的运算方法。包括动量定理的应用和动量守恒定律的应用。由于冲量和动量均为矢量,因此,在应用动量定理和动量守恒定律时要首先选取正方向,凡是与正方向一致的力或动量取正值,反之取负值,而不能只关注冲量或动量数值的大小而忽视方向。

2. 从理论上讲,只有在系统所受合外力为零的情况下系统的动量才守恒,但对于某些实际问题,若系统所受的外力远小于系统内部相互作用的内力,则也可视为系统的动量守恒,这是一种近似处理问题的方法。

3. 研究对象"系统"的选择是运用动量守恒定律解决物理问题的关键,因此"隔离法"与"整体法"就显得非常重要。

4. 功能关系再次凸显"英雄"本色,在问题的分析和判断中发挥重要作用。

## 典型错题分析

初学者常犯的错误主要表现在:

1. 只注意冲量或动量的大小,而忽视冲量和动量的方向性,造成应用动量定理和动量守恒定律列方程时出错。

2. 运用动量守恒定律时对"系统"的选择不清楚,甚至错误。

3. 列方程时对题目中所给出的速度值不加分析,盲目地套入公式,这也是一些初学者常犯的错误。

▲例1　从同样高度落下的玻璃杯,掉在水泥地上容易打碎,而掉在草地上不容易打碎,其原因是　　　　　　　　　　　　　　　　　　　　　　（　　）

A. 掉在水泥地上的玻璃杯动量大,而掉在草地上的玻璃杯动量小

B. 掉在水泥地上的玻璃杯动量改变大,掉在草地上的玻璃杯动量改变小

C. 掉在水泥地上的玻璃杯动量改变快,掉在草地上的玻璃杯动量改变慢

D. 掉在水泥地上的玻璃杯与地面接触时,相互作用时间短,而掉在草地上的玻璃杯与地面接触时间长

【错解】　选 B。

【错解分析】　"盲目乐观想当然"。认为水泥地较草地坚硬,所以给杯子的作用力大,由动量定理 $I = \Delta P$,即 $F \cdot t = \Delta P$,认为 $F$ 大即 $\Delta P$ 大,所以水泥地对杯子的作用力大,因此掉在水泥地上的动量的变化量大,容易破碎。

【正确解答】　因为它们从高处到落地的瞬间动量的变化量相等,从与地面接触到停止运动动量的变化量也相等,但落到坚硬的水泥地面上用时短,而落到草地上用时较长,根据 $F \cdot t = \Delta P$ 可知,$\Delta P$ 相等,$t$ 越大,$F$ 越小,所以掉在水泥地受到的合力大,地面给予杯子的冲击力也大,杯子易碎。正确答案应选 CD。

【自我分析】　基于新课程学习的三个维度"情感态度与价值观 1. 能领略自然界的奇妙与和谐,发展对科学的好奇心与求知欲,乐于探究自然界的奥秘,能体验探索自然规律的艰辛与喜悦",运用动量定理定性分析生活中的实际问题时,首先把生活问题抽象为一个物理问题,然后运用相应的规律去分析。例如本题中应该从动量及其变化入手,通过比较"坚硬水泥地面"与"草地"的不同,决定了作用时间的不同,再根据动量定理判断,而不能一开始就认定水泥地作用力大,实际上正是这一点需要自己去认真分析、判断。实践表明,初学者学习时所犯的错误类型非常多,但位列第一的是解题过程中的"想当然",这是因为生活"经验"对科学思维的前置干扰造成的,所以"经验"很重要,但"经验"不一定都对。其实对于动量定理的运用,我们必须注意以下几点:

(1)动量定理的研究对象是单个物体,中学物理一般不涉及物体系。

(2)动量定理公式中的 $F$ 是研究对象所受的包括重力在内的所有外力的合力。它可以是恒力,也可以是变力;当合外力为变力时,$F$ 则是合外力对作用时间的平均值。

(3)动量定理公式中的 $\Delta mv$ 是研究对象的动量的增量,是过程终态的动量减去过程初态的动量(要考虑方向),切不能颠倒初、终态的顺序。

(4)动量定理公式中的等号表明合外力的冲量与研究对象的动量增量的数值相等,方向一致,单位相同、初学者不能认为合外力的冲量就是动量的增量,合外力的冲量是导致研究对象运动改变的外因,而动量的增量却是研究对象受外部冲量作用后的必然结果。

(5)用动量定理解题,只能选取地球或相对地球做匀速直线运动的物体做参照

物。忽视冲量和动量的方向性,造成 $I$ 与 $P$ 正负取值的混乱,或忽视动量的相对性,选取相对地球做变速运动的物体做参照物,是解题错误的常见情况。

▲**例2** 两个质量相等的物体分别沿高度相同、倾角不同的光滑斜面从顶端自由下滑到底端,在此过程中两物体具有相同的物理量是 　　　　　　( )

A.重力的冲量　　　　　　　　B.合力的冲量

C.动量的变化　　　　　　　　D.速率的变化

【**错解**】 根据机械能守恒定律,由于滑下时的高度相同,初速度大小相等,落地时的末速度大小也相等,它们的初态动量 $P_1 = mv_0$ 是相等的,它们的末态动量 $P_2 = mv$ 也是相等的,所以 $\Delta P = P_2 - P_1$ 一定相等。故选 C。

【**错解分析**】 对“矢量”的理解不到位。错解主要是因为没有真正理解动量是矢量,动量的增量 $\Delta P = P_2 - P_1$ 是矢量的差值,计算时要规定矢量的正方向,因为加减法运算也遵从矢量的平行四边形法则,而不能用求代数差代替。

【**正确解答**】 以物体为研究对象,只受重力和斜面的支持力。由于只有重力做功,根据机械能守恒定律得

$$mgh = \frac{1}{2}mv^2$$

所以 $v = \sqrt{2gh}$

故 $v$ 的大小与斜面倾角无关,但由于方向不一样,因而动量的方向不一样,由 $\Delta P = P_2 - P_1$,得动量的变化不一样。

再根据 $\frac{h}{\sin \theta} = \frac{1}{2}g\sin \theta \cdot t^2$ 得

$$t = \frac{1}{\sin \theta}\sqrt{\frac{2h}{g}}$$

所以 $\theta$ 不同,$t$ 不同,则重力的冲量不同。

综上所述,本题正确选项为 D。

【**自我分析**】 学科素养应该具有如下特征:一是根本性,能够以一知十、以一当十;二是生长性,能够促进成长、持续生长,滋养整个人生;三是贯通性,能够融会贯通,成就整体生命。对于物理学中的“变化”或者“变化量”的确定,注意和“增加量”“减少量”加以区别,否则出现错误在所难免。比如说对于本题中动量变化的问题,一般要注意两点:

(1)动量是矢量,对于同一直线上的矢量,求解“变化量”时,只需要规定正方向,用初、末状态的动量之差求动量变化。

(2)对于不在同一直线上的矢量,求解“变化量”必须满足平行四边形法则相对来说较为复杂,如本题解答中的第一种解法,因此对于初、末状态动量不在一条直线上的情况,通常采用动量定理,利用合外力的冲量计算动量变化。如本题解答中的第二种解法,但要注意,利用动量定理求动量变化时,要求合外力一定为恒力。

▲例3　质量 $m = 5$ kg 的物体在恒定水平推力 $F = 5$ N 的作用下，自静止开始在水平路面上运动，$t_1 = 2$ s 后，撤去力 $F$，物体又经 $t_2 = 3$ s 停了下来，求物体运动中受水平面滑动摩擦力的大小。

【错解】　由于物体所经历的过程可分为两个阶段：第一阶段，物体在力 $F$ 作用下自静止开始运动直至撤去力 $F$；第二阶段，撤去 $F$ 后，物体在滑动摩擦力 $f$ 作用下减速运动，直至停下。

根据动量定理，在第一阶段有

$$F \cdot t_1 = mv - 0$$

第二阶段有

$$f \cdot t_2 = 0 - mv$$

联立得

$$f = \frac{2}{3}F = \frac{10}{3} \text{ N}$$

【错解分析】　对规律理解不透彻，对概念的理解不到位。主要是对动量定理中的冲量的理解不深入，动量定理的内容是：物体所受合外力的冲量等于它的动量的变化量。数学表达式为 $I_合 = P_2 - P_1$，等式左侧的冲量应指合外力的冲量。

【正确解答】　因物体在水平面上运动，故只需考虑物体在水平方向上受力即可，在撤去力 $F$ 前，物体在水平方向上还受方向与物体运动方向相反的滑动摩擦力 $f$，撤去力 $F$ 后，物体只受摩擦力 $f$。

取物体运动方向为正方向。

解法一：设撤去力 $F$ 时物体的运动速度为 $v$。

对于物体自静止开始运动至撤去力 $F$ 这一过程，由动量定理可得

$$(F - f)t_1 = mv \quad ①$$

对于撤去力 $F$ 直至物体停下这一过程，由动量定理可得

$$(-f)t_2 = 0 - mv \quad ②$$

联立式①②解得运动中物体所受滑动摩擦力大小为

$$f = \frac{Ft_1}{t_1 + t_2} = 2 \text{ N}$$

说明：式①②中，$f$ 仅表示滑动摩擦力的大小，$f$ 前的负号表示 $f$ 与所取正方向相反。

解法二：将物体整个运动过程视为在一变化的合外力作用下的运动过程。在时间 $t_1$ 内物体所受合外力为 $(F - f)$，在时间 $t_2$ 内物体所受合外力为 $-f$，整个运动时间 $t_1 + t_2$ 内，物体所受合外力冲量为 $(F - f)t_1 + (-f)t_2$。

所以，对物体整个运动过程应用动量定理有

$$(F - f)t_1 + (-f)t_2 = 0$$

解得

$$f = \frac{Ft_1}{t_1 + t_2} = 2 \text{ N}$$

【自我分析】 在高中物理学习的过程中,对于物理习题的学习是学习物理的主要手段之一,通过读物理习题的读题、审题、解题,对初学者的思维能力有着重要的影响,能够促进学生科学思维的养成,进而促进学生创新意识的养成。同时通过一题多解的方式,来对学生的发散性思维进行培养,进而提升他们的科学探究能力。所以学习时注意弄清公式中各物理量的含义及其规律反映的物理本质,而不能单纯地、机械地从形式上进行记忆。否则运用时往往会"生搬硬套",造成一些解题中的低级错误。例如本题中,一方面对于冲量和功的公式、动能定理和动量定理的公式,由于形式上很相似,因此要从本质上弄清它们的区别;另一方面都是过程物理量,对过程的选择也是至关重要的。

▲例4 向空中发射一物体,不计空气阻力,当物体的速度恰好沿水平方向时,物体炸裂为a、b两块。若质量较大的a块的速度方向仍沿原来的方向,则 ( )

A. b的速度方向一定与原速度方向相反

B. 从炸裂到落地这段时间里,a飞行的水平距离一定比b的大

C. a、b一定同时到达地面

D. 炸裂的过程中,a中受到的爆炸力的冲量大小一定相等

【错解】 错解一:因为物体在炸裂后分成两块,其中一个向前,另一个必向后,所以选A。

错解二:在炸裂过程中,虽然a的质量较大,但是不知道速度的大小关系,所以a、b受到的冲量无法比较,所以排除D。

【错解分析】 对"动量守恒定律"缺乏深刻理解。

错解一中的判断是一种凭感觉判断,而不是建立在全面分析的基础上。实际上,由于题目没有说明a的速度大小,根据动量守恒定律可知,$(m_a + m_b)v = m_a v_a + m_B v_B$,$v_B$的方向无法判断。

错解二中的主要错误在于,对于一对相互作用力产生的"冲量"的概念没有完全理解,同时对于动量守恒定律的本质没有深刻认识。

【正确解答】 以物块为研究对象,物体炸裂过程发生在物体沿水平方向运动时,由于物体沿水平方向不受外力,所以水平方向动量守恒,根据动量守恒定律有$(m_a + m_b)v = m_a v_a + m_b v_b$。

当$v_a$与原来速度v同向时,$v_b$可能与$v_a$反向,也可能与$v_a$同向,第二种情况是由于$v_a$的大小没有确定,题目只讲其质量较大,但若$v_a$很小,则$m_a v_a$还可能小于原动量$(m_a + m_B)v$。这时,$v_B$的方向会与$v_a$方向一致,即与原来方向相同,所以选项A不对。

a、b两物块在水平方向炸裂后,分别做平抛运动,故落地的时间相等,所以选项

C 正确。

由于水平飞行距离 $x = v \cdot t$，$a$、$b$ 两块炸裂后的速度 $v_a$ 和 $v_b$ 不一定相等，而落地时间 $t$ 又相等，所以水平飞行距离无法比较大小，所以 B 不对。

根据牛顿第三定律，$a$、$b$ 所受爆炸力 $F_a = -F_b$，力的作用时间相等，所以冲量 $I = F \cdot t$ 的大小一定相等，所以选项 D 是正确的。

正确答案选 C、D。

【自我分析】 物理学"既来源于生活，又服务于生活"，因此，运用物理知识解决生活中的实际问题，首先要把它转化为一个物理问题，然后才能进行解答，要搞清问题的物理情境，抓住过程的特点(物体沿水平方向飞行时炸成两块，且 $a$ 仍沿原来方向运动)，进而结合过程特点(沿水平方向物体不受外力)，通过抽象思维，将运动的过程模型化(爆炸模型)，落地的过程又是平抛运动模型，然后运用相应的物理规律(沿水平方向动量守恒)进行分析、判断。解答物理问题应该有根有据，切忌"想当然"地作出判断。此外，运用动量守恒定律时，必须注意：

(1)动量守恒定律是说系统内部物体间的相互作用，只能改变每个物体的动量，而不能改变系统的总动量，在系统运动变化过程中的任一时刻，单个物体的动量可以不同，但系统的总动量相同。

(2)应用此定律时，我们应该选择地面或相对地面静止或匀速直线运动的物体做参照物，不能选择相对地面做加速运动的物体为参照系。

(3)动量是矢量，系统的总动量不变是说系统内各个物体的动量的矢量和不变。等号的含义是说等号的两边不但大小相同，而且方向相同。

▲例5 质量为 $2m$、带电量为 $+2q$ 的小球 $A$，开始时静止在光滑绝缘水平面上，当另一质量为 $m$、带电量为 $-q$ 的小球 $B$ 以速度 $v_0$ 离 $A$ 而去的同时，释放 $A$ 球，如图 8-1 所示，若某时刻两球的电势能有最大值，求

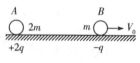

图 8-1

(1)此时两球的速度为多大？

(2)与开始时相比，电势能最多增加多少？

【错解】 以 $A$、$B$ 两小球为研究对象，假设两球具有最大电势能时的速度分别为 $v_A$、$v_B$，则此时它们的总动能为

$$E_K = \frac{1}{2} \cdot 2mv_A^2 + \frac{1}{2}mv_B^2 = mv_A^2 + \frac{1}{2}mv_B^2$$

因为系统只有电场力做功，因而系统增加的电势能等于减少的动能，故当两球电势能最大时，其总动能即为最小，由数学关系 $a + b \geq 2\sqrt{ab}$ 可知

$$E_K = \frac{1}{2} \cdot 2mv_A^2 + \frac{1}{2}mv_B^2 = mv_A^2 + \frac{1}{2}mv_B^2 \geq 2\sqrt{mv_A^2 \cdot \frac{1}{2}mv_B^2}$$

即 $E_K \geq \sqrt{2}mv_Av_B$，且当 $mv_A^2 = \frac{1}{2}mv_B^2$ 时，$E_K$ 有最小值，此时电势能最大。

因此有

$$v_B = \sqrt{2}\, v_A \quad ①$$

又因系统受外力为零,故系统动量守恒,即有

$$m v_0 = 2 m v_A + m v_B \quad ②$$

解①②两式可得

$$v_A = \left(1 - \frac{\sqrt{2}}{2}\right) v_0$$

$$v_B = (\sqrt{2} - 1) v_0$$

这时,系统总动能为

$$E_K = \sqrt{2}\, m v_A v_B = (3 - 2\sqrt{2}) m v_0^2$$

因此,电势能最多增加

$$\Delta E_P = \frac{1}{2} m v_0^2 - E_K = \left(2\sqrt{2} - \frac{5}{2}\right) m v_0^2$$

**【错解分析】** 乍一看求解过程似乎很正确,殊不知 $a + b \geqslant 2\sqrt{ab}$ 中,$a + b$ 有极值的条件是 $a$ 与 $b$ 的乘积应为常量,本题却不满足这一条件,解出的结果也就自然是错误的。正确解答此题的关键在于明确两球的运动特点,知道二者之间的距离先增大后减小,即小球受到的电场力先做负功后做正功,可知两球相距最远时电势能是最大的,且此时两者具有相同的速度。

**【正确解答】** 以 $A$、$B$ 两球为研究对象,设两者共同速度为 $v$,由动量守恒定律得

$$m v_0 = (m + 2m) v$$

解得

$$v = \frac{1}{3} v_0$$

因此,电势能的增加量最多为

$$\Delta E_P = \frac{1}{2} m v_0^2 - \frac{1}{2} (m + 2m) v^2 = \frac{1}{3} m v_0^2$$

**【自我分析】** 物理是用数学来书写的,但物理不是数学。因此,解题中就存在一个将物理问题转化为数学问题的过程。因物理量都有实际意义,物理规律都有相应的实用条件,那么转化后的数学表达式中的变量也就有对应的取值范围。初学者在用数学方法处理物理问题时,不注意数学表达式中的量的实际意义而盲目拓展,把物理问题当作纯数学问题去处理,结果得出了客观世界中不存在的物理状态或过程。

▲例6 一人在一只静止的小船上练习射击,船、人连同枪(不包括子弹)及靶的总质量为 $M$,枪内装有 $n$ 颗子弹,每颗质量为 $m$,枪口到靶的距离为 $l$,子弹射出枪口时相对于地面的速度为 $v$,在发射后一颗子弹时,前一颗子弹已陷入靶中,则在发

射完 $n$ 颗子弹后,小船后退的距离为多少?

**【错解】** 以子弹和船为研究对象,设第一颗子弹射出后船的后退速度为 $v'$,后退距离为 $S_1$,子弹从枪口到靶所用的时间为

$$t = \frac{1}{v} \quad ①$$

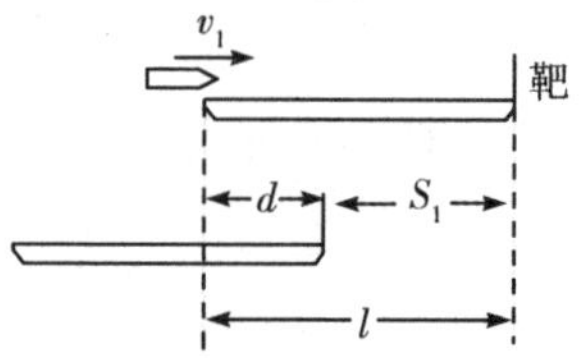

根据动量守恒定律得

$$mv = [M(n-1)m]v' \quad ②$$

在时间 $t$ 内,船的后退距离为

$$S_1 = v't \quad ③$$

子弹全部射出后,船的后退距离为

$$S = nS_1 \quad ④$$

联立式①②③④解得

$$S = \frac{nml}{M+(n-1)m}$$

**【错解分析】** 缺乏对动量守恒定律的深刻理解,特别是对表达式中字母的物理意义不理解。上述解法中的①式是错误的,由此式求得的是子弹对于船的相对速度。

**【正确解答】** 以子弹和船为研究对象,设第一颗子弹射出后,船的后退速度为 $v'$,后退距离为 $S_1$,子弹从枪口到靶所用的时间为

$$t = \frac{d+S_1}{v} \quad ①$$

以子弹和船为研究对象,设子弹射出后,船的后退速度为 $v'$,根据动量守恒定律得

$$mv = [M(n-1)m]v' \quad ②$$

后退距离为 $l$,如图 8-2 所示,①式由几何关系可得

$$l = d + S_1$$
$$S_1 = v't \quad ③$$

联立式①②③解得

$$S = \frac{nml}{M+nm}$$

**【自我分析】** 认识物理问题的高度决定了分析问题的深度。动量守恒定律解题的另一难点就是对于速度的理解深度,必须是对同一个参照系而言的。例如,对本题物理过程的分析,是要弄清子弹射向靶的过程中,子弹与船运动的关系。题目要寻找位移关系,必须先寻找速度关系,就得运用动量守恒定律,此时子弹、船和靶的运动速度应该都是相对地面而言的,这样才能用图 8-2 所示的几何图形得出位移关系。为此,我们必须要深刻理解动量守恒定律的表达式及其物理意义。

(1) $p' = p$,其中 $p'$、$p$ 分别表示系统的末动量和初动量,表示系统作用前的总动

图 8-2

量等于作用后的总动量。各个动量必须相对同一个参照物,适用于作用前后都运动的两个物体组成的系统。

(2)$\Delta p=0$,表示系统总动量的增量等于零。适用于两物体作用后结合在一起或具有共同的速度的系统。

(3)$\Delta p_1=-\Delta p_2$,其中$\Delta p_1$、$\Delta p_2$分别表示系统内两个物体初、末动量的变化量,表示两个物体组成的系统,各自动量的增量大小相等、方向相反。

注意:不管哪种表达式,$v$一般都是对地速度。

▲例7 如图8-3所示,一辆质量为$M=60$ kg的小车上有一质量为$m=40$ kg的人(相对车静止)一起以$v_0=2$ m/s的速度向前运动,突然人相对车以$u=4$ m/s的速度向车后跳出去,则车速为多大?

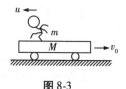

图8-3

【错解】 解法一:以人和车为系统,人跳出车后,车的动量为$6Mv$,根据动量守恒定律得

$$(M+m)v_0=Mv-m(u+v)$$

解得$v=0.4$ m/s。

解法二:选车的方向为正,人跳出车后,根据动量守恒定律得

$$(M+m)v_0=Mv-mu$$

解得$v=6$ m/s。

解法三:选车的方向为正,人跳出车后,根据动量守恒定律得

$$(M+m)v_0=Mv-m(u-v)$$

解得$v=14/3$ m/s。

【错解分析】 解法一:没有注意矢量性。

解法二:没有注意相对性。

解法三:没有注意瞬时性。

【正确解答】 以车和人为研究对象,选地面为参照物,小车运动方向为正,根据动量守恒定律得

$$(M+m)v_0=Mv-m(u-v)$$

解得$v=3.6$ m/s。

【自我分析】 从教育目标的分类上看:金字塔的塔基是由"记忆、理解、应用"三个"低阶认知能力"所构筑的,塔顶才是由"分析、评价、创造"三个"高阶认知能力"组成。只有在高中物理学习过程中,切实注重对问题情境的再认识,切实在知识的建构上下苦功,真正在学习中获得亲身的体验,才能有效促进我们获得高阶认知能力。比如对于动量守恒定律的理解,必须在掌握动量及其动量的变化这些"低阶认知能力"的基础上,再去认识定律的几重"高阶认知能力"属性,这几重属性主要指的是:

(1)系统性:动量守恒定律是对一个物体系统而言的,具有系统的整体性,而不

能对系统的一个部分。

（2）矢量性：动量守恒是指系统内部各部分动量的矢量和保持不变，在解题时必须运用矢量法则来计算，而不能用算术方法。

（3）相对性：动量守恒定律中系统在作用前后的动量都应是相对于同一惯性参考系而言。如果系统的各部分所选取的参考系不同，动量守恒不成立。

（4）瞬时性：一般来说，系统内的各部分在不同时刻具有不同的动量，系统在某一时刻的动量，应该是此时刻系统内各部分的瞬时动量的矢量和。此外还有相对性、方向性等。

对于初学者来说，这些属性都很重要，任何一点出错都能引起解题的错误，这一点在"错解分析"中说得很清楚。

▲**例8**　如图8-4所示，甲、乙两小孩各乘一辆冰车在水平冰面上游戏。甲和他的冰车总质量共为30 kg，乙和他的冰车总质量也是30 kg。游戏时，甲推着一个质量为15 kg的箱子和他一起以2 m/s的速度滑行，乙以同样大小的速度迎面滑来。为了避免相撞，甲突然将箱子滑冰

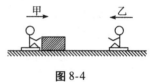

图8-4

面推给乙，箱子滑到乙处，乙迅速抓住。若不计冰面摩擦，求甲至少以多大速度（相对地）将箱子推出，才能避免与乙相撞？

【**错解**】　设甲与他的冰车以及乙与他的冰车的质量为 $M$，箱子的质量为 $m$，开始时他们的速率为 $v_0$，为了不与乙相碰。

错解一：甲必须停止，所以，对甲和他的冰车及箱子，推出前后满足动量守恒，由动量守恒定律有

$$(M+m)v_0 = 0 + mv$$

解方程得

$$v = \frac{(M+m)V_0}{m} = 6 \text{ m/s}$$

错解二：对箱子及乙和他的冰车，接到箱子前后动量守恒，乙接到箱子后停下，设箱子的运动方向为正方向，由动量守恒定律有

$$mv - Mv_0 = 0$$

解得

$$v = \frac{M}{m}v_0 = 4 \text{ m/s}$$

【**错解分析**】　"审题不清"闹别扭。本题中，有两个关键问题必须弄清楚，第一，"不相撞"的意义是什么？实际上，不相撞的意义就是两个物体的速度相等（同向情况）。但是物体停止运动，也不一定就撞不上。如本题错解二，按照错解答案我们可知，当甲用4 m/s的速度推箱子，箱子以4 m/s的速度迎面向乙滑去，与乙相互作用后，乙与箱子都停下来了。那么，此时甲停了吗？我们可以继续完成本题，设甲

推出箱子的速度为 $v'$，对甲和箱子(以甲和箱子的初速度为正)，由动量守恒定律有 $(M+m)v_0 = Mv' + mv$，解得：$v' = 1$ m/s。

**【正确解答】**　要想刚好避免相撞，要求乙抓住箱子后与甲的速度正好相等，设甲推出箱子后的速度为 $v_1$，箱子的速度为 $v$，乙抓住箱子后的速度为 $v_2$。

以甲和箱子为研究对象：当甲推出箱子后，根据动量守恒定律，以初速度方向为正，则

$$(M+m)v_0 = mv + Mv_1 \quad ①$$

以乙和箱子为研究对象：乙抓住箱子后动量守恒，以箱子初速方向为正，根据动量守恒定律有

$$mv - Mv_0 = (m+M)v_2 \quad ②$$

刚好不相撞的条件是

$$v_1 = v \quad ③$$

联立式①②③解得：$v = 5.2$ m/s，方向与甲和箱子初速方向一致。

**【自我分析】**　基于新课程学习目标的三个维度"知识与技能4.关注物理学与其他学科之间的联系，知道一些与物理学相关的应用领域，能尝试运用有关的物理知识和技能解释一些自然现象和生活中的问题"，能够运用动量守恒定律解决这样的生活实际问题，要作为学习物理的出发点。例如本题中，"系统"的选择并不难，但必须对物体的运动的过程作出准确判断，过程分析清楚(乙和箱子、甲的运动关系如何，才能不相撞)后，才能找到满足题意的条件。这就需要我们要将"不相撞"的实际条件要求转化为物理条件，即甲、乙可以同方向运动，但只要乙的速度不小于甲的速度，就不可能相撞。

▲**例9**　质量为 $m$ 的钢板与直立轻弹簧的上端连接，弹簧下端固定在地上。平衡时，弹簧的压缩量为 $x_0$，如图8-5所示。物块从钢板正对距离为 $3x_0$ 的 $A$ 处自由落下，打在钢板上并立刻与钢板一起向下运动，但不粘连，它们到达最低点后又向上运动。已知物体质量也为 $m$ 时，它们恰能回到 $O$ 点，若物块质量为 $2m$，仍从 $A$ 处自由落下，则物块与钢板回到 $O$ 点时，还具有向上的速度，求物块向上运动到最高点时与 $O$ 点的距离。

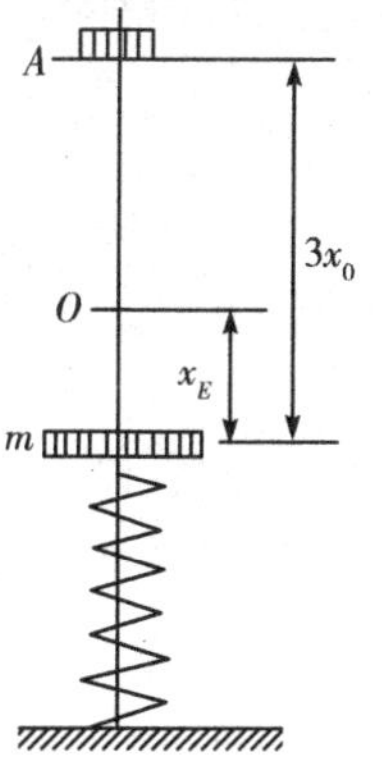

**【错解】**　物块 $m$ 从 $A$ 处自由落下，则由机械能守恒定律得

图 8-5

$$mg \cdot 3x_0 = \frac{1}{2}mv_0^2 \quad ①$$

之后物块与钢板一起以 $v_0$ 向下运动，然后返回 $O$ 点，此时速度为0，运动过程中因为只有重力和弹簧弹力做功，故根据机械能守恒定律得

$$E_p + \frac{1}{2}(2m)v_0^2 = 2mgx_0 \quad ②$$

$2m$ 的物块仍从 $A$ 处落下到钢板初位置应有相同的速度 $v_0$，与钢板一起向下运

动又返回时，机械能也守恒。由于返回到 $O$ 点速度不为零，则

$$E'_p + \frac{1}{2}(3m)v_0^2 = 3mgx_0 + \frac{1}{2}(3m)v^2 \quad ③$$

因为 $m$ 物块与 $2m$ 物块在与钢板接触时，弹性势能之比为

$$E_p : E'_p = 1 : 1 \quad ④$$

所以，$2m$ 物块与钢板一起过 $O$ 点时，弹簧弹力为 0，两者有相同的加速度 $g$。之后，钢板由于被弹簧牵制，则加速度大于 $g$，两者分离，$2m$ 物块从此位置以 $v$ 为初速度竖直上抛，上升高度为

$$h = \frac{v^2}{2g} \quad ⑤$$

由式①～④解得

$$v = \sqrt{2gh}$$

代入式⑤解得

$$h = \frac{2}{3}x_0$$

**【错解分析】** "一叶障目不见泰山"。这是一道综合性很强的题。错解一是没有考虑物块与钢板碰撞之后速度改变这一过程，而导致的错误；二是在分析物块与钢板接触位置处，弹簧的弹性势能时，出现了两个概念性的错误。这样有些同学就用两次势能相等的结果，但并未清楚相等的含义。

**【正确解答】** 物块从 $3x_0$ 位置自由落下，根据机械能守恒定律，则有

$$mg \cdot 3x_0 = \frac{1}{2}mv_0^2 \quad ①$$

因为碰撞时间极短，以钢板和物块为研究对象，内力远大于外力，根据动量守恒定律得

$$mv_0 = 2mv_1 \quad ②$$

两者以 $v_1$ 向下运动恰返回 $O$ 点，说明此位置速度为零。在此运动过程中，设接触位置弹性势能为 $E_p$，根据机械能守恒定律，则有

$$E_p + \frac{1}{2}(2m)v_1^2 = 2mgx_0 \quad ③$$

同理，$2m$ 物块与 $m$ 物块有相同的物理过程，碰撞中根据动量守恒定律得

$$2mv_0 = 3mv_2 \quad ④$$

所以，$2m$ 物块与钢板碰撞返回 $O$ 点时的速度不为零，设速度为 $v$，则有

$$E'_p + \frac{1}{2}(3m)v_2^2 = 3mgx_0 + \frac{1}{2}(3m)v^2 \quad ⑤$$

因为两次碰撞时间极短，弹性形变未发生变化，所以有

$$E_p = E'_p \quad ⑥$$

由于 $2m$ 物块与钢板过 $O$ 点时弹力为零。两者加速度相同为 $g$，之后钢板被弹

簧牵制,则其加速度大于 $g$,所以与物块分离,物块以 $v$ 竖直上抛。

根据运动学公式 $v_t^2 - v_0^2 = 2ah$,则有

$$0 - v^2 = 2gh$$

$$h = \frac{v^2}{2g} \quad ⑦$$

**【自我分析】** 本题考查了机械能守恒、动量守恒、能量转化和守恒等多个知识点,是一个单体多过程的问题,有难度,关键是分清楚每一个过程,建立与过程相对应的方程。一般而言,应当注意以下 2 点内容。

(1)应用动量定理和动能定理时,研究对象可以是单个物体,也可以是多个物体组成的系统,而应用动量守恒定律和机械能守恒定律时,研究对象必定是系统。这"两大定理"都是运用于物理过程,而不是某一状态(或时刻)。因此,在用它们解题时,首先应选好研究对象和研究过程。对象和过程的选取直接关系到问题能否解决以及解决起来是否简便。选取时应注意以下几点:

①选取研究对象和研究过程,要建立在分析物理过程的基础上。临界状态往往应作为研究过程的开始或结束状态。

②要能视情况对研究过程进行恰当的理想化处理。

③可以把一些看似分散的、相互独立的物体圈在一起作为一个系统来研究,有时这样做可使问题大大简化。

④有的问题,可以选这部分物体作为研究对象,也可以选取那部分物体作为研究对象;可以选这个过程作为研究过程,也可以选那个过程作为研究过程;这时,首选大对象、长过程。

(2)确定对象和过程后,就应在分析的基础上选用物理规律来解题。规律选用的一般原则是:

①对单个物体,宜选用动量定理和动能定理,其中涉及时间的问题,应选用动量定理,而涉及位移的应选用动能定理。

②若是多个物体组成的系统,优先考虑两个守恒定律。

③若涉及系统内物体的相对位移(路程)并涉及摩擦力的,要考虑应用能量守恒定律。

**【试一试】**

1.**【2017 全国Ⅱ卷 15】**一静止的铀核放出一个 $\alpha$ 粒子衰变成钍核,衰变方程为 $^{238}_{92}U \longrightarrow ^{234}_{90}Th + ^4_2He$,下列说法正确的是 (    )

A. 衰变后钍核的动能等于 $\alpha$ 粒子的动能

B. 衰变后钍核的动量大小等于 $\alpha$ 粒子的动量大小

C. 铀核的半衰期等于其放出一个 $\alpha$ 粒子所经历的时间

D. 衰变后 $\alpha$ 粒子与钍核的质量之和等于衰变前铀核的质量

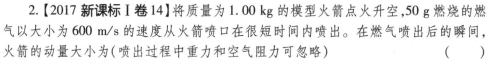

2.【2017 新课标 I 卷 14】将质量为 1.00 kg 的模型火箭点火升空,50 g 燃烧的燃气以大小为 600 m/s 的速度从火箭喷口在很短时间内喷出。在燃气喷出后的瞬间,火箭的动量大小为(喷出过程中重力和空气阻力可忽略) ( )

A. 30 kg·m/s  B. 5.7 × 10² kg·m/s

C. 6.0 × 10² kg·m/s  D. 6.3 × 10² kg·m/s

3.【2017 新课标 Ⅲ 卷 17】一质量为 2 kg 的物块在合外力 $F$ 的作用下从静止开始沿直线运动。$F$ 随时间 $t$ 变化的图线如图所示,则 ( )

A. $t = 1$ s 时物块的速率为 1 m/s

B. $t = 2$ s 时物块的动量大小为 4 kg·m/s

C. $t = 3$ s 时物块的动量大小为 5 kg·m/s

D. $t = 4$ s 时物块的速度为零

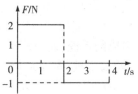

3 题

4.【2018 全国 I 卷 24】一质量为 $m$ 的烟花弹获得动能 $E$ 后,从地面竖直升空,当烟花弹上升的速度为零时,弹中火药爆炸将烟花弹炸为质量相等的两部分,两部分获得的动能之和也为 $E$,且均沿竖直方向运动。爆炸时间极短,重力加速度大小为 $g$,不计空气阻力和火药的质量,求

(1)烟花弹从地面开始上升到弹中火药爆炸所经过的时间;

(2)爆炸后烟花弹向上运动的部分距地面的最大高度。

5.【2018 全国 Ⅱ 卷 24】汽车 $A$ 在水平冰雪路面上行驶。驾驶员发现其正前方停有汽车 $B$,立即采取制动措施,但仍然撞上了汽车 $B$。两车碰撞时和两车都完全停止后的位置如图所示,碰撞后 $B$ 车向前滑动了 4.5 m,$A$ 车向前滑动了 2.0 m,已知 $A$ 和 $B$ 的质量分别为 $2.0 × 10^3$ kg 和 $1.5 × 10^3$ kg,两车与该

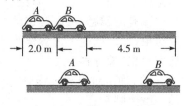

5 题

冰雪路面间的动摩擦因数均为 0.10,两车碰撞时间极短,在碰撞后车轮均没有滚动,重力加速度大小 $g = 10$ m/s²。求

(1)碰撞后的瞬间 $B$ 车速度的大小;

(2)碰撞前的瞬间 $A$ 车速度的大小。

【你犯错了吗】

1. B 2. A 3. B

4. 解析:(1)设烟花弹上升的初速度为 $v_0$,由题给条件有

$$E = \frac{1}{2}mv_0^2 \quad ①$$

设烟花弹从地面开始上升到火药爆炸所用的时间为 $t$,由运动学公式有

$$0 - v_0 = -gt \quad ②$$

联立式①②得

$$t = \frac{1}{g}\sqrt{\frac{2E}{m}} \quad ③$$

(2)设爆炸时烟花弹距地面的高度为 $h_1$,由机械能守恒定律可得

$$E = mgh_1 \quad ④$$

火药爆炸后,烟花弹上、下两部分均沿竖直方向运动,设炸后瞬间其速度分别为 $v_1$ 和 $v_2$。由题给条件和动量守恒定律可得

$$\frac{1}{4}mv_1^2 + \frac{1}{4}mv_2^2 = E \quad ⑤$$

$$\frac{1}{2}mv_1 + \frac{1}{2}mv_2 = 0 \quad ⑥$$

由式⑥可知,烟花弹两部分的速度方向相反,向上运动部分做竖直上抛运动。设爆炸后烟花弹上部分继续上升的高度为 $h_2$,由机械能守恒定律可得

$$\frac{1}{4}mv_1^2 = \frac{1}{2}mgh_2 \quad ⑦$$

联立式④⑤⑥⑦得,烟花弹上部分距地面的最大高度为

$$h = h_1 + h_2 = \frac{2E}{mg} \quad ⑧$$

5. 解析:(1)设 $B$ 车的质量为 $m_B$,碰后加速度大小为 $a_B$,根据牛顿第二定律有

$$\mu m_B g = m_B a_B \quad ①$$

式中,$\mu$ 是汽车与路面间的动摩擦因数。

设碰撞后瞬间 $B$ 车速度的大小为 $v'_B$,碰撞后滑行的距离为 $s_B$。由运动学公式可得

$$v_B'^2 = 2a_B s_B \quad ②$$

联立式①②并利用题给数据得

$$v'_B = 3.0 \text{ m/s} \quad ③$$

(2)设 $A$ 车的质量为 $m_A$,碰后加速度大小为 $a_A$。根据牛顿第二定律有

$$\mu m_A g = m_A a_A \quad ④$$

设碰撞后瞬间 $A$ 车速度的大小为 $v'_A$,碰撞后滑行的距离为 $s_A$。由运动学公式可得

$$v_A'^2 = 2a_A s_A \quad ⑤$$

设碰撞前的瞬间 $A$ 车速度的大小为 $v'_A$,两车在碰撞过程中动量守恒,有

$$m_A v_A = m_A v'_A + m_B v'_B \quad ⑥$$

联立式③④⑤⑥并利用题给数据得

$$v_A = 4.3 \text{ m/s} \quad ⑦$$

# 振动与波动

## 主要核心内容

1. 机械振动、回复力、振幅、周期、频率、简谐振动、受迫振动、共振、机械波、波长、波速、横波、纵波、波的干涉和衍射等基本概念。

2. 单摆振动和弹簧振子的振动规律。

3. 简谐运动的图象、简谐运动中的能量转化规律。

4. 波的图象、波长和频率与波速之间的关系等规律。

5. 时间和空间的"周期性"是本章解决问题的主要思维方式和方法。

## 基本思想方法

1. 图象法是本章的"法宝",由于振动和波动的运动规律较为复杂,且限于中学数学知识的水平,因此对于这部分内容不可能像研究直线运动、平抛、圆周运动那样从运动方向出发描述和研究物体的运动,而是利用图象法对物体做简谐运动的运动规律及振动在介质中的传播过程进行描述与研究。

2. 建立两种模型。单摆和弹簧振子在运动过程中的力与运动的关系及能量转化的关系。

3. 牢固树立时间和空间的"周期性"是解决振动与波动问题的另一个"法宝"。

## 典型错题分析

初学者常犯的错误主要表现在:

1. 对于机械振动、简谐运动、受迫振动、共振、阻尼振动、等幅振动等众多的有关振动的概念不能深刻地理解,从而造成混淆。

2. 不能从本质上把握振动图象和波的图象的区别与联系。这主要是由于振动的图象与波的图象在形式上非常相似,一些初学者只注意图象的形状,而忽略了图象中坐标轴所表示的物理意义,因此造成了将两个图象相混淆。

3. 由于一些初学者对波的形成过程理解不够深刻,导致其对于波在传播过程中时间和空间的周期性不能真正地理解和把握。

4. 由于干涉和衍射的发生条件、产生的现象较为抽象,所以一些初学者不能准确地把握相关的知识内容,抓不住现象的主要特征及产生的条件。

▲**例1** 一个弹簧振子,第一次被压缩 $x$ 后释放做自由振动,周期为 $T_1$,第二次被压缩 $2x$ 后释放做自由振动,周期为 $T_2$,则两次振动周期之比 $T_1:T_2$ 为 （ ）

A. $1:1$ B. $1:2$ C. $2:1$ C. $1:4$

【错解】 压缩 $x$ 时,振幅为 $x$,完成一次全振动的路程为 $4x$。压缩 $2x$ 时,振幅即为 $2x$,完成一次全振动的路程为 $8x$。由于两种情况下全振动的路程的差异,第二次是第一次的 $2$ 倍。所以,第二次振动的周期一定也是第一次的 $2$ 倍,所以选 B。

【错解分析】 知识迁移"机械化"。上述解法之所以错误是因为把振子的运动看成是匀速直线运动或加速度恒定的匀加速直线运动了。分析问题时运用匀速直线运动或匀加速直线运动的思维方式,足以说明初学者还是没有掌握振动的特殊规律。

【正确解答】 事实上,振动是物体运动的另一种形式,如果是自由振动,其振动的周期只由自身因素决定,对于弹簧振子而言,周期只由弹簧振子的质量 $m$ 和弹簧的劲度系数 $k$ 决定,而与形变大小,也就是振幅无关。所以只要弹簧振子这个系统不变（$m,k$ 不变）,周期就不会改变,所以正确答案为 A。

【自我分析】 实践表明,物理学习中常常会产生"已有"知识对"新学"知识的前置干扰,"旧思维"对"新思维"的定势影响,使得我们不善于抓住新问题的具体特点,这反映了学习的一种思维习惯。只有善于接受新知识、新方法,并将其运用到实际问题中去,才能开阔我们分析、解决问题的思路,防止思维定式。

▲**例2** 一架单摆,如果摆球的质量增加为原来的 $4$ 倍,摆球经过平衡位置时的速度减为原来的 $\frac{1}{2}$,则单摆的 （ ）

A. 频率不变,振幅不变 B. 频率不变,振幅改变

C. 频率改变,振幅不变 D. 频率改变,振幅改变

【错解】 错解一:因为单摆的周期（频率）是由摆长 $l$ 和当地重力加速度 $g$ 决定的,所以频率是不变的,而从动能公式上看:$E_k = \frac{1}{2}mv^2$,质量变为原来的 $4$ 倍,速度变为原来的 $\frac{1}{2}$,结果动能不变,既然动能不变（指平衡位置动能,也就是最大动能）,由机械能守恒可知,势能也不变。所以振幅也不变,应选 A。

错解二:认为速度减为原来的 $\frac{1}{2}$,即运动得慢了,所以频率要变,而振幅与质量、速度无关（由上述理由可知）,所以振幅不变,应选 C。

错解三:认为频率要改变,理由同错解二。而关于振幅的改变与否,除了错解一中所示理由外,即总能量不变,因为重力势能 $E_P = mgh$,$E_P$ 不变,$m$ 变为原来的 4 倍,$h$ 一定变小了,即上摆到最高点的高度下降了,所以振幅要改变,应选 D。

**【错解分析】** "一知半解"想当然。此题主要考查决定单摆频率(周期)和振幅的因素,而题中提供了两个变化因素,即质量和最大速度。到底频率和振幅与这两个因素有没有关系。若有关系,有什么关系,这才是考生应该弄清楚的。

而错解二和错解三中都认为频率不变,这是因为不清楚决定单摆周期的因素是摆长 $l$ 和当地重力加速度 $g$,而与摆球质量及运动到最低点的速度无关。

错解二中关于频率不变的判断是正确的,错误出现在后半句的结论上。判断只从能量不变去看,当 $E_{总}$ 不变时,$E_P = mgh$,$m$ 变大了,$h$ 一定变小。

**【正确解答】** (1)根据单摆的周期公式:$T = 2\pi\sqrt{\dfrac{l}{g}}$ 可知,单摆的周期与质量无关,与单摆的运动速度也无关。当然,频率也与质量和速度无关,所以不能选 C 和 D。

(2)决定振幅的是外来因素。反映在单摆的运动中,可以从能量去观察。从上面的分析我们知道,在平衡位置(即最低点)时的动能 $E_k = \dfrac{1}{2}mv^2$。当 $m$ 增为原来的 4 倍,速度减为原来的 $\dfrac{1}{2}$ 时,动能不变,最高点的重力势能也不变。但是,由于第二次摆的质量增大了(实际上单摆已经变成另一个摆动过程了),势能 $E_P = mgh$ 不变,$m$ 大了,$h$ 就一定变小了,也就是说,振幅减小了。因此,正确答案应选 B。

**【自我分析】** 华东师范大学现代教育研究所特聘研究员刘濯源曾经说过这样一段话:关于教学,如果最多只允许我问一个问题,我一定会问:"我们到底为什么而教?"关于"课改",如果也只允许我问一个问题,那么我一定还会毫不犹豫地问:"我们到底为什么而教?"进而,关于慕课、翻转课堂这些时下最热点的概念,我还是会问同样的问题——"我们到底为什么而教? 那么,作为学生,到底为什么而学?"——学科素养的要求回答了这个问题。基于这个理由,本题的分析解答提醒我们,在认识单摆问题时有两点需要了解,一是考虑要全面,本题中 $m$、$v$ 两因素的变化对确定的单摆振动究竟会产生怎样的影响,要进行全面分析;二是分析问题要有充分的理论依据,如本题中决定单摆振动的频率的因素应由周期公式 $f = \dfrac{1}{T} = \dfrac{1}{2\pi}\sqrt{\dfrac{g}{l}}$ 为依据,而不能以速度判断振动的快慢。振幅应从 $\dfrac{1}{2}mv^2 = E_k = E_p = mgh$ 为依据。

这个例题代表了振动的两种"模型",对于初学者来说非常重要,为此我们要借助于这两种"模型",必须重新认识机械运动的另一类——简谐运动。

(1)简谐运动:物体在跟偏离平衡位置的位移大小成正比,并且总指向平衡位置

的回复力的作用下的振动,其特征是:

①回复力 $F = -kx$;

②加速度 $a = -k\dfrac{x}{m}$。

(2)简谐运动的规律:

①在平衡位置:速度最大、动能最大、动量最大;位移最小、回复力最小、加速度最小。

②在离开平衡位置最远时:速度最小、动能最小、动量最小;位移最大、回复力最大、加速度最大。

③振动中的位移 $x$ 都是以平衡位置为起点的,方向从平衡位置指向末位置,大小为这两位置间的直线距离。加速度与回复力、位移的变化一致,在两个"端点"最大,在平衡位置为零,方向总是指向平衡位置。

(3)振幅 $A$:振动物体离开平衡位置的最大距离称为振幅。它是描述振动强弱的物理量。它是标量。

(4)周期 $T$ 和频率 $f$:振动物体完成一次全振动所需的时间称为周期 $T$,它是标量,单位是秒;单位时间内完成的全振动的次数称为振动频率,单位是赫兹(Hz)。周期和频率都是描述振动快慢的物理量,它们的关系是:$T = 1/f$。

▲例3  如图 9-1 所示,图(a)表示一列简谐波在沿 $x$ 轴传播时的波形图,若以图示情况为计时起点,那么图(b)的振动图线应表示的是                    (    )

A. 当这列波沿 $x$ 轴正方向传播时,表示质点 $a$ 的振动图象

B. 当这列波沿 $x$ 轴负方向传播时,表示质点 $a$ 的振动图象

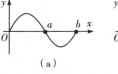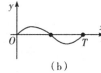

图 9-1

C. 当这列波沿 $x$ 轴正方向传播时,表示质点 $b$ 的振动图象

D. 当这列波沿 $x$ 轴负方向传播时,表示质点 $b$ 的振动图象

【错解】 选 BC。

【错解分析】 对机械波的产生理解不到位,因而对机械振动和机械波的关系理解不透彻。

【正确解答】 由图(b)可知,$t = 0$ 时,该质点从平衡位置开始向 $y$ 轴正方向运动,达到正向最大位移;从图(a)可知,若波沿 $x$ 轴正方向传播,则 $t = 0$ 时质点 $a$ 的振动方向沿 $y$ 轴正方向,质点 $b$ 的振动方向沿 $y$ 轴负方向,若波沿 $x$ 轴负方向传播,则 $t = 0$ 时质点 $a$、$b$ 的振动方向分别与上述方向相反。

故正确答案为 AD。

【自我分析】 如果说学科素养是国家从宏观的战略层面上对教育改革提出的

要求,那么我们应当从微观上确立"以提升学生的学习力"这一核心目标,所以必然要解决好以下两个问题:第一,如何帮助那些早已习惯于教师进行"知识灌输"的学习方式向"自主性"学习方式的转变;第二,如何克服那些早已习惯"张嘴等食"的初学者向"自己寻食"的学习方式的转变,唤醒学习动机,恢复思考意识。比如对于"机械振动与机械波"的学习,主要从以下三个方面去认识:

(1)从产生条件看:振动是波动的成因,波动是振动在介质中的传播,有波动必有振动,但是有振动未必有波动,所以产生机械波的条件是:①振动;②介质。

(2)从运动现象看:振动是单个质点在平衡位置的往复运动;波动是介质中大量质点依次振动而形成的,波动中每个质点的运动都是在各自的平衡位置附近做振动,但是,各个质点的振动有先后,而且质点并不随波的传播而迁移。

(3)从运动性质看:振动是非匀速周期性运动,其位移、速度、加速度随时间做周期性变化;而波的传播是匀速运动,波速只与传播振动的介质有关,与振动本身无关。波传播的距离与时间关系为 $s = vt$,但对于波上的每个质点来说,它的运动只是振动,其振动周期等于振源的周期。

▲例4  如图9-2所示,甲为某一列沿 $x$ 轴正向传播的简谐横波在 $t = 1.0$ s 时刻的波形图,图乙为参与波动的某一质点的振动图象,则下列说法正确的是 (      )

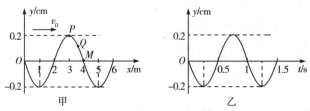

图9-2

A. 该简谐横波的传播速度为 4 m/s

B. 从此时刻起,经过 2 s,$P$ 质点运动了 8 m 的路程

C. 从此时刻起,$P$ 质点比 $Q$ 质点先回到平衡位置

D. 乙图可能是甲图在 $x = 2$ m 处质点的振动图象

E. 此时刻 $M$ 质点的振动速度小于 $Q$ 质点的振动速度

【错解】  选 ABC 或者选 ABE。

【错解分析】  错选 B 是因为混淆了振动问题中的位移和路程的不同。错选 E 是因为对波动问题未进行深刻理解,未真正认识"局部振动整体波动"的含义。

【正确解答】  由图甲得波长 $\lambda = 4$ m,由图乙得周期 $T = 1$ s,则波速 $v = \dfrac{\lambda}{T} = 4$ m/s,故 A 项正确。

经过 2 s,$P$ 质点振动了 2 个周期,由图甲(或乙)得振幅 $A = 0.2$ m,所以运动的路程为 $2 \times 4A = 1.6$ m,故 B 项错误。

由题可知,波沿 $+x$ 方向传播,此时刻 $Q$ 质点振动方向向上,而 $P$ 在波峰,则图示时刻起 $Q$ 质点比 $P$ 质点后回到平衡位置,故 C 项正确。

根据图乙可知 $t=1$ s 时刻质点从平衡位置沿 $y$ 轴负方向振动,而甲图中 $x=2$ m 处质点 $t=1$ s 时刻(图示时刻)振动方向沿 $y$ 轴负方向,乙图可能是甲图在 $x=2$ m 处质点的振动图象,故 D 项正确。

此时刻 $M$ 质点在平衡位置,速度最大,故 E 项错误。

综上所述,正确答案选 A、C、D。

【自我分析】　物理学是一门精密科学,与数学有着密切的关系。从物理学的发展史上看,物理学的发展是离不开数学的,有了一种适合表述物理的数学工具,不仅能有力地促进物理学的发展,还能使物理规律以更加清晰、简洁的方式表示出来。凡是中学阶段学到的数学,如几何、三角、代数、解析几何,都可能成为解决高考物理试题中的数学工具。图象法就是其中的一种,函数图象解决物理问题,要能够对物理规律、状态和过程在理解的基础上用合适的图象表示出来,才能用图象来处理物理问题。对于简谐运动的描述,图象法比公式法更为直观,而且更为重要,初学者必须学会运用图象法来分析解决振动问题,为此必须注意以下三点:

(1)简谐运动的图象:

①定义:振动物体离开平衡位置的位移 $x$ 随时间 $t$ 变化的函数图象。不是运动轨迹,它只是反映质点的位移随时间的变化规律。

②作法:以横轴表示时间,纵轴表示位移,根据实际数据取单位,定标度,描点,用平滑线连接各点便得图线。

③特点:用演示实验证明简谐运动的图象是一条正弦(或余弦)曲线。表示振动的一个质点在不同时刻离开平衡位置的位移,振动图象随时间的延长而延伸,但原有的图象不变。

简谐运动图象的应用:

①可求出任一时刻振动质点的位移。

②可求振幅 $A$:位移的正负最大值。

③可求周期 $T$:两相邻的位移和速度完全相同状态的时间间隔。

④可确定任一时刻加速度的方向。

⑤可求任一时刻速度的方向。

⑥可判断某段时间内位移、回复力、加速度、速度、动能、势能的变化情况。由图象可确定的物理量:振幅、周期。

⑦可确定质点在某时刻的位移、速度、加速度的方向。

(2)质点运动方向的判定:振动图象中质点的速度方向与图象的起伏方向一致,如图上的 $A$ 点在由正方向的最大位移处向平衡位置振动。

▲例5　一列简谐横波沿 $x$ 轴负方向传播,波速为 $v=4$ m/s。已知坐标原点

($x=0$)处质点的振动图象如图 9-3 所示,那么在以下 4 幅图中能够正确表示 $t=$ 0.15 s时波形的图是 ( )

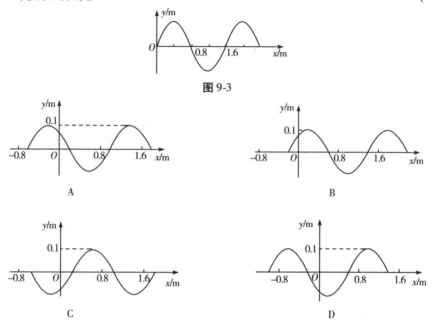

图 9-3

A

B

C

D

【错选】 选 B。

【错解分析】 $t=0.15$ s 介于四分之一周期和二分之一周期之间,不是初学者常见的四分之一周期的整数倍,有的初学者无法突破思维定式,导致无法求解。这正是命题专家设置的障碍,考查学生是否真正理解了振动和波的相关知识。

【正确解答】 由原点的振动图象可知,原点正处于"上坡",故起振方向向上,所以波传播过程中,任何质点的起振方向均向上,波形如图 9-3 所示。又因 $t=$ 0.15 s波应传播 $s=vt=0.6$ m,根据"平移法"和波沿 $x$ 轴负方向传播,只有选项 A 的波形符合,故正确选项为 A。

【自我分析】 基于物理学科核心素养的四个维度"2.1 物理观念中的描述: (1)形成经典物理的物质观、运动观、能量观、相互作用观,并且能用来解释自然现象和解决实际问题;(2)初步具有现代物理的物质观、运动观、能量观、相互作用观,能用于描述自然界的图景(如物质观——经典:物质是由不可分割的原子和电子组成的,而且微观物质的运动轨迹可以确定;现代:原子和电子可以进行再分割,微观物质的运动轨迹,比如电子等,不可以准确确定)。"我们必须认识到波动也是物质的一种运动形式,同时又是运动问题的一个难点,这主要是因为波动问题具有时间和空间上的双重周期性,而对这双重周期性的理解,关键是对以下几点的理解:

(1)定义:机械振动在介质中的传播形成机械波。

(2)机械波产生的条件:①波源;②介质。

（3）机械波的分类：

①横波：质点振动方向与波传播方向垂直的波叫横波。横波有凸部（波峰）和凹部（波谷）。

②纵波：质点振动方向与波的传播方向在同一直线上的波叫纵波。纵波有密部和疏部。

注意：气体、液体、固体都能传播纵波，但气体、液体不能传播横波。

（4）机械波的特点：

①机械波传播的是振动形式和能量。质点只在各自的平衡位置附近振动，并不随波迁移。

②介质中各质点的振动周期和频率都与波源的振动周期和频率相同。

③离波源近的质点带动离波源远的质点依次振动。

（5）波动图象：

①物理意义：表示介质中在波的传播方向上的一系列质点在同一时刻离开平衡位置的位移，随着时间的推移，波的图象不是图象的延伸，而是在更多的质点参与下图象的变化（注意和振动图象的有别）。

②由图象可确定的物理量：振幅、波长；可确定该时刻各个质点的位移、速度、加速度的方向。

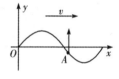

图9-4

③质点振动方向的判定：波动图象中质点振动的速度方向可用"上下坡"法则判定。设想一个人沿波的传播方向前进，波形升高的方向叫上坡，波形下降的地方叫下坡，上坡处的质点向下振动，下坡处的质点向上振动，记为"正向看，上坡下，下坡上。"如图9-4所示，波向右传播，质点 $A$ 处在"下坡"，因此向上振动。

▲例6　一列简谐波上两质点 $P$、$Q$ 的振动图象如图9-5所示，$P$、$Q$ 相距30 m。求：

（1）若 $P$ 质点距振源近，求波速？

（2）若 $Q$ 质点距振源近，求波速？

【错解】（1）若 $P$ 质点距振源近，由图象可知周期 $T = 8$ s，而 $P$、$Q$ 之间传播时间满足

$$\Delta t = \frac{T}{4} = 2 \text{ s}$$

所以波速为

$$v = \frac{s}{\Delta t} = 15 \text{ m/s}$$

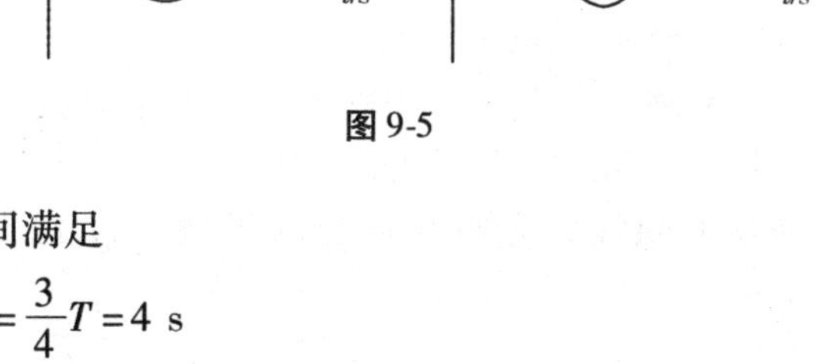

图9-5

（2）若 $Q$ 质点距振源近，由图象可知周期 $T = 8$ s，而 $P$、$Q$ 之间传播时间满足

$$\Delta t = \frac{3}{4} T = 4 \text{ s}$$

所以有

$$v = \frac{s}{\Delta t} = 7.5 \text{ m/s}$$

**【错解分析】** 由于不理解波动问题的时间周期性,不明确质点离波源的"远"和"近"意味着什么,正所谓"只知其一,不知其二",因此只完成了问题的一种情况。

**【正确解答】** 根据振动图象可知,质点振动的周期是 $T = 8 \text{ s}$。

假如 $P$ 质点距振源近,为分析方便起见,先在一个周期内找振动完全相同的时刻。由于 $P$ 质点在 $t_2 = 2 \text{ s}$ 时刻的振动与 $Q$ 质点在 $t_2 = 4 \text{ s}$ 时刻的振动完全相同,所以 $P$、$Q$ 之间传播时间满足

$$\Delta t = 2 \text{ s} = \frac{T}{4}$$

然后考虑整周期的情况,即有

$$\Delta t = \frac{T}{4} + nT = 2 + 8n \, (n = 0,1,2,3,\cdots)$$

那么有

$$v_p = \frac{\Delta s}{\Delta t} = \frac{30}{2 + 8n} = \frac{15}{1 + 4n} \, (n = 0,1,2,3,\cdots)$$

(2)假如 $Q$ 质点距振源近,同理则有

$$\Delta t = \frac{3}{4}T + nT \, (n = 0,1,2,3,\cdots)$$

所以有

$$v_Q = \frac{\Delta s}{\Delta t} = \frac{30}{\frac{3}{4}T + nT} = \frac{15}{4n + 3} \, (n = 0,1,2,3,\cdots)$$

**【自我分析】** 学科思想方法属于科学思维的范畴,是高中物理学科核心素养的基本构成要素之一。而科学思维主要包括:思维导图、思维建模、思维品质、思维逻辑等,这些思维方式从根本上决定了物理的学习力。例如本题把两个质点的振动图象分别画在两个坐标系上,相对来说还比较容易判断,这在平时是很常见的。但是,如果本题将 $P$、$Q$ 的振动图象在同一 $x-t$ 坐标系中,本题难度就大了,所以,有的初学者看不懂图象的物理意义,或者根本就不看横坐标的含义,而将本题认定为波形图,归根到底还是考生没有养成良好的思维习惯,凭感觉做题,缺乏分析,这正是命题专家经常命题的一个方向。

▲例7 如图9-6中实线是一列简谐波在某一时刻的波形图线,虚线是 0.2 s 后它的波形图线。这列波可能的传播速度是多少?

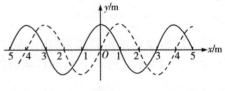

图9-6

**【错解】** 从图上可以看出,波长 $\lambda = 4$ m,而从两次的波形图可知

$t = 0.2$ s $= \dfrac{1}{4}T$,所以 $T = 0.8$ s。

由波速公式:$v = \dfrac{\lambda}{T}$,代入数据 $v = 5$ m/s。

**【错解分析】** "一叶障目不见泰山"。

(1)不明确波动过程的双向性,在没有确定出波的传播方向之前,就单纯地认定 $\dfrac{1}{4}T = 0.2$ s,是不全面的。事实上,只有当波向右(沿 $x$ 轴正方向)传播时,上述关系才成立。

(2)不明确波动过程在时间上的周期性,即没有考虑波的传播过程的周期性。也就是说,不仅 $\dfrac{1}{4}T$ 后的波形如虚线所示。$\dfrac{5}{4}T$,$\dfrac{9}{4}T$,$\cdots$ 后的波形均与 $\dfrac{1}{4}T$ 后的波形相同。

**【正确解答】** 由波形图象可以看出,$\lambda = 4$ m,所以:①当波沿 $x$ 轴正方向传播时,两个波形之间间隔的时间最短,为 $\dfrac{1}{4}T$,如果考虑到时间上的周期性,还有 $\dfrac{5}{4}T$,$\dfrac{9}{4}T$,$\cdots$,$\dfrac{4n+1}{4}T$ 时间的波形后的波形均与 $\dfrac{1}{4}T$ 后的波形相同。

故有

$$\frac{4n+1}{4}T = 0.2 \text{ s}$$

解得

$$T = \frac{4 \times 0.2}{4n+1} \text{ s}$$

由波速公式得

$$v = \frac{\lambda}{T}$$

解得

$$v = \frac{4n+1}{0.2} \text{ m/s} = (20n+5) \text{ m/s} (n = 0,1,2,\cdots)$$

②当波沿 $x$ 轴正方向传播时,两次波形之间间隔的时间最短为 $\dfrac{3}{4}T$,考虑到时间上的周期性,$\dfrac{7}{4}T$,$\dfrac{11}{4}T$,$\cdots$,$\dfrac{4n+3}{4}T$ 后的波形均与 $\dfrac{3}{4}T$ 后的波形相同,故有

$$\frac{4n+3}{4}T = 0.2 \text{ s}$$

解得

$$T = \frac{4 \times 0.2}{4n+3} \text{ s}$$

由波速公式得

$$v' = \frac{4n+3}{0.2} \text{ m/s} = (20n+15) \text{ m/s}(n=0,1,2,\cdots)$$

故此题的答案为$(20n+5)$ m/s和$(20n+15)$ m/s$(n=0,1,2,\cdots)$。

【自我分析】 考试大纲关于物理学科要考查的"分析综合能力"是这样叙述的:能够独立地对所遇到的问题进行具体分析、研究,弄清其中的物理状态、物理过程和物理情境,找出起重要作用的因素及有关条件;能够把一个较复杂问题分解为若干较简单的问题,找出它们之间的联系;能够提出解决问题的方法,运用物理知识综合解决所遇到的问题。波动与振动的"时间与空间周期性"是这个问题的最主要特征,不理解这一点,犹如缘木求鱼。对于这种已知条件不明确的波动问题,要从波的传播方向、时间和空间的周期性等方面进行全面周到地分析,这也是解决波动问题时,初学者经常忽略的问题。

▲例8 一简谐波的波源在坐标原点$O$处,经过一段时间振动从$O$点向右传播20 cm到$Q$点,如图9-7所示,$P$点离开$O$点的距离为30 cm,试判断$P$质点开始振动的方向。

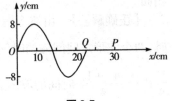

图9-7

【错解】 由图9-7可知,该波的波长$\lambda = 20$ cm,$P$点距$Q$点相差$\frac{1}{2}\lambda$,则波从$Q$点再向前传播$\frac{1}{2}\lambda$就

传到$P$点,所以传播所需要的时间为$\frac{1}{2}T$,因此画出如图9-8所示的波形图。因为波源在原点,波沿$x$轴正方向传播,所以可判定$P$点开始振动的方向是沿$y$轴正方向(即向上)。

【错解分析】 "张冠李戴出伴谬"。主要原因是把机械波的图象当成机械振动的图象分析。而波的形成是质点依次带动的结果,在波向前传播$\frac{1}{2}\lambda$的同时,前面的质点的位置也发生了变化。

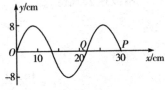

图9-8

【正确解答】 因为原图中的波在传播$\frac{1}{2}\lambda$的过程中,经历了$\frac{1}{2}T$,在此波形基础上,将波形沿着$x$轴正方向移动$\frac{1}{2}\lambda$(平移法),此时的波形如图9-9所示,所以$P$点在刚开始时的振动方向是沿$y$轴负方向(即向下)。

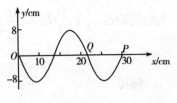

图9-9

从另外一个角度来看,原图中 $Q$ 点开始振动时是向下的,经过 $\frac{1}{2}T$ 后,到达平衡位置向上振动,而此时的 $P$ 点刚好从平衡位置向下振动,也能得到如图 9-9 所示的波形图(描点法),因为所有质点开始振动时的情况均相同,所以 $P$ 点开始振动的方向应是向下的。

【自我分析】 有人说:"人类在'渔猎与采摘时代'的知识更新速度可以用'爬'来形容,在'农耕与养殖时代'可以用'走'来形容,在'机器工业时代'则可以用'跑'来形容,而到了'信息智能时代'就要用'飞'来形容了。因此,在智能化时代追求'将知识精确地背下来'的学习目标既不可能也无意义。"这一比喻放在对振动图象与波动图象的认识上,形象、准确,两种图象形似而神不同,如果仅仅满足于记忆,显然不能达到预期的目标,必须进行理解并加以区别:

(1)首先两个图象的坐标轴所表示的物理意义不同:振动图象的横坐标表示时间,而波动图象的横坐标表示介质中各振动质点的平衡位置。

(2)两个图象所描述的对象不同:振动图象描述的是一个质点的位移随时间的变化情况,而波的图象描述的是介质中的一群质点某一时刻各自振动所到达的位置情况。通俗地说,振动图象相当于是在一段时间内一个质点运动的"录像",而波的图象则是某一时刻一群质点振动的"照片"。

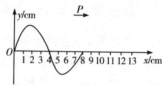

图 9-10

(3)两个图象的变化不同:随着时间的推移,振动图象原来的形状(即过去质点不同时刻所到达的位置)不再发生变化,只是图象的延续。而波的图象由于各质点总在不断地振动,因此,随着时间的推移,原有的图象的形状将发生周期性变化。

▲例9 如图 9-10 是一列横波在某时刻空间传播的波形图线。已知波是沿 $x$ 轴正方向传播,波速为 $v = 4\ \text{m/s}$,试计算并大致画出经过 $t = 1.25\ \text{s}$ 的波形图。

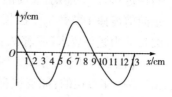

图 9-11

【错解】 错解一:由图 9-10 可以看出,波长 $\lambda = 8\ \text{cm}$,由 $T = \frac{\lambda}{v}$ 可知 $T = 2\ \text{s}$。经过 1.25 s,波向右传播了 $\frac{1.25}{2} = \frac{5}{8}$ 个波长,则波形如图 9-11 所示。

错解二:由于波长 $\lambda = 8\ \text{cm}$, $T = \frac{\lambda}{v} = \frac{8}{4}\ \text{s} = 2\ \text{s}$,经过 1.25 s,波向左传播了 $\frac{5}{8}$ 个波长,则波形如图 9-12 所示。

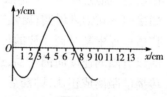

图 9-12

错解三:由于波长 $\lambda = 8$ cm,由 $T = \dfrac{\lambda}{v} = \dfrac{0.08}{4}$ s $=$

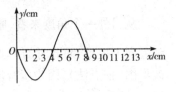

0.02 s,经过 1.25 s,波向右传播了 $\dfrac{1.25}{0.02} = 62.5$ 个波

长,其波形如图 9-13 所示。

图 9-13

**【错解分析】** 错解一、错解二是"审题不清闹别扭"。没有看清横坐标的单位,这是初学者最容易出错之处。在此题中波长从图中只能得出 $\lambda = 8$ cm,而波速给出的却是国际单位 4 m/s。因此,求周期时,应先统一单位。

错解三虽然计算正确,但在波向前(沿 $x$ 轴正方向)传播了 62.5 个波长时的波形错误,这里体现的是波的空间周期性,应在原来的波形基础上向 $x$ 轴正方向扩展 62.5 个波长。

**【正确解答】** 由波形图可知 $\lambda = 0.08$ m,所以

$$T = \frac{\lambda}{v} = \frac{0.08}{4} \text{ s} = 0.02 \text{ s}$$

而经过 $t = 1.25$ s,即相当于经过 $\dfrac{1.25}{0.05} =$

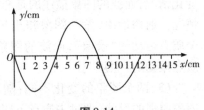

62.5个周期,考虑到波动的时间周期性,质点振动了 62.5 个周期后所处的位置与振动 0.5 个周期后所处的位置完全相同,就本题而言,可以先画出经过 $\dfrac{1}{2}$ 周期后的波形(描点法),如图 9-14

图 9-14

所示。如果考虑了波动的空间周期性,而每经过一个周期,波就向前传播一个波长,而经过 62.5 个周期,波向前传播了 62.5 个波长,当经过振动周期的整数倍时,波只是向前传播了整数倍个波长,而原有的波形不会发生变化,再将此图向前扩展 62 个波长即为题目要求(平移法)。

**【自我分析】** 考试大纲关于物理学科要考查的"应用数学处理物理问题的能力"是这样叙述的:能够根据具体问题列出物理量之间的关系式,进行推导和求解,并根据结果得出物理结论;能运用几何图形、函数图象进行表达、分析。波动问题的作图有"描点法"和"平移法"两种,深刻理解波动过程的实质,是克服出错的关键。如果用一句话来说明,就是"局部振动整体波动",反映在图象上,波形图反映了波在传播过程中某时刻在波的传播方向上各质点离开平衡位置的位移情况。由于波只能以有限的速度向前传播,所以离振源远的质点总要滞后一段时间,滞后的时间与传播的距离成正比,即滞后一个周期,波就沿着传播方向传播一个波长,经过多少个周期,波就向前传播了多少个波长,而振源就做了多少次全振动,这是解决此类问题的关键所在。

▲**例10** 一列简谐横波，在 $t=0.6$ s 时刻的图象如图 9-15 甲所示，此时，$P$、$Q$ 两质点的位移均为 $-1$ cm，波上 $A$ 质点的振动图象如图 9-15 乙所示，则以下说法正确的是　　（　　）

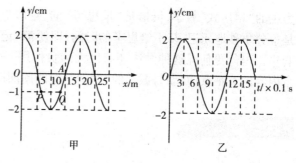

图 9-15

A. 这列波沿 $x$ 轴正方向传播

B. 这列波的波速是 $\dfrac{50}{3}$ m/s

C. 从 $t=0.6$ s 开始，紧接着的 $\Delta t=0.6$ s 时间内，$A$ 质点通过的路程是 10 m

D. 从 $t=0.6$ s 开始，质点 $P$ 比质点 $Q$ 早 0.4 s 回到平衡位置

E. 若该波在传播过程中遇到一个尺寸为 30 m 的障碍物，不能发生明显衍射现象

**【错解】** ABE 或者 ACD。

**【错解分析】** "规律理解不透彻"。对机械波的特征理解不到位,错选 E 是因没有理解机械波的两大特征,即波的干涉和波的衍射以及干涉和衍射的条件;错选 D 是因为对波动过程中介质中的质点的振动情况不明确。

**【正确解答】** 由乙图读出 $t=0.6$ s 时质点 $A$ 的速度方向为沿 $y$ 轴负方向,再根据同侧法判断出 l 甲图波的传播方向为沿 $x$ 轴正方向,A 项正确;

由甲图读出该波的波长 $\lambda=20$ m,由乙图得周期 $T=1.2$ s,则波速为 $v=\dfrac{\lambda}{T}=\dfrac{50}{3}$ m/s,B 项正确;

由于 $\Delta t=0.6$ s $=0.5T$,质点做简谐运动时,在一个周期内质点 $A$ 通过的路程是 4 倍振幅,则经过 $\Delta t=0.6$ s 时,$A$ 质点通过的路程是 $s=2A=2\times 2$ cm $=4$ cm,C 项错误;

因为图示时刻质点 $P$ 沿 $y$ 轴正方向,质点 $Q$ 沿 $y$ 轴负方向,所以质点 $P$ 将比质点 $Q$ 早回到平衡位置,将此图象与正弦曲线进行对比可知,$P$ 点的横坐标为 $x_P=\dfrac{20}{3}$ m,$Q$ 点的横坐标为 $x_Q=\dfrac{40}{3}$ m,根据波形的平移法可知,质点 $P$ 比质点 $Q$ 早回到平衡位置的时间为 $t=\dfrac{x_Q-x_P}{v}=0.4$ s,故 D 项正确;

而发生明显衍射现象的条件是障碍物的尺寸比波长小或跟波长差不多,该波的波长为 20 m,根据这个条件可知,该波在传播过程中遇到一个尺寸为 30 m 的障碍物时,能发生明显衍射现象,故 E 项错误。

综上所述,本题正确选项为 ABD。

**【自我分析】** 物理问题的解决与创新虽然离不开知识,但并不是仅靠已有知识的简单拼凑,而是靠科学思维能力。但初学者在学习过程中,接收到的却是以灌输为主的"填压式"教学,恰恰是"反思考"的,题海战术使初学者的思维变得局限,只是争分争秒地死记,却不给思考的时间,即便都"记"下来了,充其量也不过像"木工套隼"一样,更何况这种做法还有巨大的负作用——厌学、思维僵化! 因此,作为本章内容的重难点,波动与振动的"时间与空间周期性"是这个问题永恒的话题。

**【试一试】**

1.【2017 **全国I卷**34】[物理——选修3-4](1)如图(a),在 $xy$ 平面内有两个沿 $z$ 方向做简谐振动的点波源 $S_1(0,4)$ 和 $S_2(0,-2)$。两波源的振动图线分别如图(b)和图(c)所示,两列波的波速均为 $1.00\ m/s$。两列波从波源传播到点 $A(8,-2)$ 的路程差为 _____ m,两列波引起的点 $B(4,1)$ 处质点的振动相互 _____ (填"加强"或"减弱"),点 $C(0,0.5)$ 处质点的振动相互 _____ (填"加强"或"减弱")。

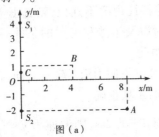
图(a)

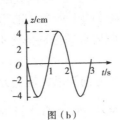
图(b)

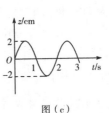
图(c)

1题

2.【2017 **全国III卷**34】[物理——选修3-4](1)如图,一列简谐横波沿 $x$ 轴正方向传播,实线为 $t=0$ 时的波形图,虚线为 $t=0.5\ s$ 时的波形图。已知该简谐波的周期大于 $0.5\ s$。关于该简谐波,下列说法正确的是 _____ (填正确答案标号)。

A. 波长为 2 m

B. 波速为 6 m/s

C. 频率为 1.5 Hz

D. $t=1\ s$ 时,$x=1\ m$ 处的质点处于波峰

E. $t=2\ s$ 时,$x=2\ m$ 处的质点经过平衡位置

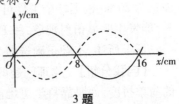
2题

3.【2017 **全国I卷**34】[物理——选修3-4](1)一列简谐横波沿 $x$ 轴正方向传播,在 $t=0$ 和 $t=0.20\ s$ 时的波形分别如图中实线和虚线所示。已知该波的周期 $T>0.20\ s$。下列说法正确的是 _____。(填正确答案标号)

A. 波速为 0.40 m/s

B. 波长为 0.08 m

C. $x=0.08\ m$ 的质点在 $t=0.70\ s$ 时位于波谷

D. $x=0.08\ m$ 的质点在 $t=0.12\ s$ 时位于波谷

E. 若此波传入另一介质中,其波速变为0.80 m/s,

3题

则它在该介质中的波长为0.32 m

4.【2017 全国Ⅰ卷34】[物理——选修3－4](2)一列简谐横波在 $t = \frac{1}{3}$ s 时的波形图如图(a)所示,$P$、$Q$ 是介质中的两个质点,图(b)是质点 $Q$ 的振动图象。求

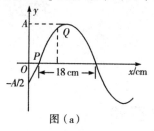 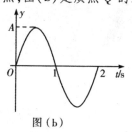

图(a)　　　　图(b)

4题

（Ⅰ）波速及波的传播方向;

（Ⅱ）质点 $Q$ 的平衡位置的 $x$ 坐标。

## 【你犯错了吗】

1.2　减弱　加强　2. BCE　3. ACE

4.解析:(Ⅰ)由图(a)可以看出,该波的波长为

$$\lambda = 36 \text{ cm} \quad ①$$

由图(b)可以看出,周期为

$$T = 2 \text{ s} \quad ②$$

波速为

$$v = \frac{\lambda}{T} = 18 \text{ cm/s} \quad ③$$

由图(b)知,当 $t = \frac{1}{3}$ s 时,$Q$ 点向上运动,结合图(a)可得,波沿负方向传播。

（Ⅱ）设质点 $P$、$Q$ 平衡位置的 $x$ 坐标分别为 $x_P$、$x_Q$。由图(a)可知,$x = 0$ 处 $y = -\frac{A}{2} = A\sin(-30°)$,因此有

$$x_P = \frac{30°}{360°}\lambda = 3 \text{ cm} \quad ④$$

由图(b)可知,在 $t = 0$ 时 $Q$ 质点处于平衡位置,经 $\Delta t = \frac{1}{3}$ s,其振动状态向 $x$ 轴负方向传播至 $P$ 点处,结合式③有

$$x_Q - x_P = v\Delta t = 6 \text{ cm} \quad ⑤$$

由式④⑤得,质点 $Q$ 的平衡位置的 $x$ 坐标为

$$x_Q = 9 \text{ cm} \quad ⑥$$

# 物理实验

## 电学实验

### 主要错误归纳

1. 对电流表、电压表的读数及其规则认识模糊,导致读数的有效数字错误。

2. 对滑动变阻器的限流、分压两种控制电路的原理把握不准,导致控制电路选用不当。

3. 对实验测量电路、电学仪器的选用原则把握不准,导致电路、仪器选用错误。

4. 对电学实验的重点内容"电阻的测量方法"无明确的归类,导致电流表的内、外接法思路混乱。

5. 对于创新型实验设计,平时缺乏对实验思想方法(如模拟法,转换法,放大法,比较法,替代法等)进行归纳的意识,在全新的实验情境下,找不到实验设计的原理,无法设计合理可行的方案。受思维定式的影响,缺乏对已掌握的实验原理、仪器的使用进行新情境下的迁移利用,缺乏创新意识。

6. 万用表欧姆挡使用时易出现换挡不调零的现象。

7. 用 $U-I$ 图象分析电源电动势和内电阻时,易漏掉坐标原点的物理意义,误认为都是零。

8. 实物连图时,易出现电表、用电器正负极接反。

9. 设计性实验中,不能很好地将基本实验原理进行转换。

### 典型错题分析

(由于高中电学实验较多,这里仅举例分析)

▲**例1**　用伏安法测量某一电阻 $R_x$ 阻值,现有实验器材如下:待测电阻 $R_x$(阻值约 5 Ω,额定功率为 1W);电流表 $A$(量程 0~0.6 A,内阻 0.2 Ω;量程 0~3 A,内阻 0.05 Ω);电压表 $V$(量程 0~3 V,内阻 3 kΩ;量程 0~15 V,内阻 15 kΩ);滑动变阻器 $R_0$(0~50 Ω);蓄电池(电动势为 6 V);开关;导线。

（1）某次测量结果如图 10-1 所示，则电压表的读数是_____ V，电流表的读数是_____A。

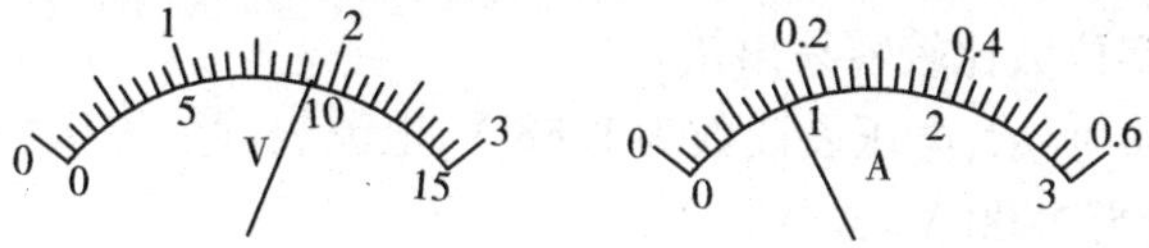

图 10-1

为了较准确测量 $R_x$ 的阻值，电压表量程应选_____，电流表量程应选_____。

（2）画出实验需要的电路图。

【错解】 （1）电压表读数为 9.4 V 或者 1.8 V；电流表的读数为 0.8 A 或者 0.162 A；电压表选 0～15 V；电流表选 0～3 A。

（2）电路图略。

【错解分析】 （1）本题要求选择电表的量程并进行读数，这是电学实验的常见考点之一，也是初学者容易产生错误之处。

一般情况下，电学仪器的选择有如下建议：

①电源的选择：选择直流电源，应根据用电器的需要来确定，一般考虑用电器所需的电压、电路中的电流、电源电动势和允许电流等。在不超过待测器材所允许的最大电压值的情况下，选择电动势较大的电源（以获得更多的测量数据）。在相同电动势的情况下，通常选择内电阻较小的电源（以获得较稳定的路端电压），测电源内阻除外。

②电表的选择：在不超过电表量程的条件下，选择量程较小的电表（以便测量时示数能在满刻度的 2/3 左右）。

③滑动变阻器的选择：要由电路中所要求或可能出现的电流、电压的范围来选定变阻器，实际流过变阻器的电流不得超过其额定值；当要通过变阻器电阻的改变来读取不同的电流、电压值时，要注意避免变阻器滑片稍有移动电流或电压就会有很大变化的出现，也要避免出现滑片从一头滑到另一头，电流或电压几乎没有变化的情况。若控制电路确定为限流接法，则滑动变阻器应选用与实验电路中其他电阻的总阻值相差不大的；若控制电路确定为分压接法，则应选用在额定电流允许的条件下，阻值较小的滑动变阻器。

对于电压表、电流表的读数问题，主要是估读规则：

①电压表：如果是 0～3 V 量程最小刻度是 0.1 V，是 10 分度的，因此要向下估读一位，即小数点后保留两位数字。0～15 V 量程最小刻度为 0.5 V，不是 10 分度的，因此只要求读到 0.1 V 这一位，即小数点后只有一位数字。

②对于电流表：常用量程有 0～0.6 A 量程，该量程的电流表，最小刻度是 0.02 A，在读数时仍然是只要求读到小数点后面两位，这时要求"半格估读"，即读到最小刻度一半 0.01 A。

如图 10-1 所示，因为同一个电流表、电压表有不同的量程，所以，对应不同的量程，每个小格所代表的电流值、电压值不同，所以电流表、电压表的读数比较复杂，测量值的有效数字位数比较容易出错。

如本题图 10-1 所示，电压表读数为 1.88 V，电流表读数为 0.83 A。若指针恰好指在 2 上，则读数为 2.00 V(或 A)。

电压表若用 0~15 V 量程，则其最小刻度为 0.5 V，为 2 分度仪表读数，所读数值小数点后只能有一位小数，也必须有一位小数。

如图 10-1 所示，若指针指在整刻度线上，如指在 10 上应读作 10.0 V，指在紧靠 10 刻度线右侧的刻度线上(即表盘上的第 21 条小刻度线)读数为 10.5 V，若指在这两条刻度线间的中间某个位置，则可根据指针靠近两刻度线的程度，分别读作 10.1 V，或 10.2 V，或 10.3 V，或 10.4 V，即使是指在正中央，也不能读作 10.25 V，若这样，则会出现两位不准确的数，即小数点后的 2 和 5，不符合读数规则，如上图中所示，读数应为 9.3 V。

电流表若用 0~0.6 A 量程，则其最小刻度为 0.02 A，为 5 分度仪表读数，其读数规则与 0~15 V 电压表相似，所读数值小数点后只能有两位小数，也必须有两位小数。

如图 10-1 所示，电流表读数为 0.17 A，若指针指在第 11 条刻度线上，则读数为 0.22 A，指在第 10 条刻度线上，读数为 0.20 A，指在第 12 条刻度线上，读数为 0.24 A。

(2)利用所选的仪器进行电路的设计与连接，知识电学实验的常见考点之二，同时也是电学实验容易产生错误的错点之二。必须考虑两个方面的因素：

①安培表内、外接电路的选择。

由于电压表的分流作用和电流表的分压作用，造成表的示数与通过负载的电压或电流真实值之间产生误差，为减小此系统误差，应慎重选择电流表的内外接法，选择方法如下：

a. 直接比较法。

当待测电阻阻值 $R_x \ll R_V$ 时，伏特表分流很小，选择安培表外接电路；

当待测电阻阻值 $R_x \gg R_A$ 时，安培表分压很小，选择安培表内接电路。

b. 临界值计算比较法。

当待测电阻阻值与电压表、电流表的阻值相差不多时，如何确定被测电阻 $R$ 是较大还是较小呢？我们要计算两种接法的相对误差，可用 $\dfrac{R_v}{R_x}$ 与 $\dfrac{R_x}{R_A}$ 相比较。

试触法：若 $R_x$、$R_A$、$R_v$ 的大小关系事先没有给定，可借助试触法确定内、外接法。具体做法是：如图 10-2 所示，组成电路，其中电流表事先已经接好，拿电压表的一个接线柱去分别试触 $M$、$N$ 两点，观察先后两次试触时两电表的示数变化情况。

如果电流表的示数变化比电压表示数变化明显（即 $\dfrac{\Delta I}{I} <$

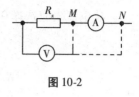

图 10-2

$\dfrac{\Delta U}{U}$），说明接 $M$ 点时电压表分流作用引起的误差大于接 $N$ 点时电流表分压作用引起的误差，这时应采用内接法（即电压表接 $N$ 点）。

如果电压表的示数变化比电流表的示数变化明显（即 $\dfrac{\Delta I}{I} < \dfrac{\Delta U}{U}$），说明接 $N$ 点时电流表分压作用引起的误差大于接 $M$ 点时电压表分流作用引起的误差，这时应采用外接法（即电压表接 $M$ 点）。

有人将这种判断方法总结为一句顺口溜："内字中间有个大，大内偏大，小外偏小"，即内接法适合测大电阻且系统误差偏大，测量值大于真实值；外接法适合测小电阻且系统误差偏小，测量值小于真实值。

（3）控制电路（即滑动变阻器的接法）的选择是电学实验常见错误之三。

滑动变阻器的限流接法与分压接法的特点：如图 10-3 所示的两种电路中，滑动变阻器（最大阻值为 $R_0$）对负载 $R_L$ 的电压、电流强度都起控制调节作用，通

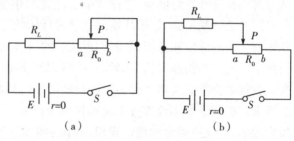

（a）　　　　　　　（b）

图 10-3

常把图（a）电路称为限流接法，图（b）电路称为分压接法。

显然，两种接法有着不同的条件，如下表：

|  | 负载 $R$ 上电压的调节范围 | 负载 $R$ 上电流的调节范围 | 相同条件下电路消耗的总功率 |
|---|---|---|---|
| 限流法 | $\dfrac{R_L}{R_L+R_0}E \leqslant U_L \leqslant E$ | $\dfrac{E}{R_L+R_0} \leqslant I \leqslant \dfrac{E}{R_L}$ | $EI$ |
| 分压法 | $0 \leqslant U \leqslant E$ | $0 \leqslant I \leqslant \dfrac{E}{R_L}$ | $E(I+I_{滑})$ |
| 比较 | 电压调节范围较大 | 分压电路调节范围较大 | 限流电路能量损失小 |

**【正确解答】**（1）电压表读数为 1.88 V；电流表读数为 0.16 A。

（2）由待测电阻 $R_x$ 额定功率和阻值的大约值，可以计算待测电阻 $R_x$ 的额定电压约为 $U = \sqrt{PR} = 2.25$ V，故电压表应选择 0~3 V 量程。

额定电流的值约为

$$I = \sqrt{\dfrac{P}{R_x}} = 0.2 \text{ A}$$

故电流表应选择 0~0.6 A 量程,所以有

$$\frac{R_x}{R_A} = \frac{5}{0.2} = 25$$

$$\frac{R_V}{R_x} = \frac{3\,000}{5} = 600$$

显然

$$\frac{R_V}{R_X} \gg \frac{R_x}{R_A}$$

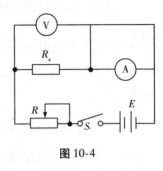

图 10-4

故电流表选择外接法。

因为该实验没有对电流、电压的调节范围作特殊要求,故用限流电路。电路如图 10-4 所示。

**【自我分析】** 在开展高中物理实验教学时,为了培养初学者的物理核心素养,就应对实验设计进行创新,这样才能够激发学生学习物理的兴趣,调动其参与物理学习的热情。基于此,如果从新课程学习目标的三个维度"知识与技能 2. 认识实验在物理学中的地位和作用,掌握物理实验的一些基本技能,会使用基本的实验仪器,能独立完成一些物理实验"出发,正确认识和使用电学实验基本仪器和基本原理,否则就教材上介绍的基本实验知识以及理论都极其贫乏,何来"创新"一说。其实教材上要求完成的基本实验具有的应用性以及综合性极强,但是,当前很多学校在实施物理教学时,仅注重灌输理论知识,并让学生背实验和记实验,而没有注重实践,这对学生实践能力的培养极其不利。

▲例2 一电阻额定功率为 0.01 W,阻值不详。用欧姆表粗测其阻值约为 40 kΩ。现有下列仪表元件,试从上述器材中选择合适的元件并设计适当的电路,能够较精确地测定其阻值。

A. 电流表,量程 0~300 μA,内阻 150 Ω

B. 电流表,量程 0~1 000 μA,内阻 45 Ω

C. 电压表,量程 0~3 V,内阻 6 kΩ

D. 电压表,量程 0~15 V,内阻 30 kΩ

E. 电压表,量程 0~50 V,内阻 100 kΩ

F. 干电池两节,每节电动势为 1.5 V

G. 直流稳压电源,输出电压 6 V,额定电流 3 A

H. 直流电源,输出电压 24 V,额定电流 0.5 A

I. 直流电源,输出电压 100 V,额定电流 0.1 A

J. 滑动变阻器,0~50 Ω,3 W

K. 滑动变阻器,0~2 kΩ,1 W

L. 电键一只,连接导线足量

**【错解】** 电压表选择 C;电流表选择 B;滑动变阻器选 J;电路采用分压、外接法。

**【错解分析】** 由于实验中的电流和电压可以小于而不能超过待测电阻的额定电流和额定电压,现有两个电流表内阻相近,由内阻所引起的系统误差相近,而量程 0 ~ 1 000 μA 接入电路时,只能在指针半偏转以下读数,引起的偶然误差较大,故选用量程为 0 ~ 300 μA 的电流表,故选 A。选用电流表后,待测电阻上的最大实际电压约为 20 V,故应选用量程为 15 V 的电压表,故选 D。由于在电路中要实现变阻器在较大范围内灵敏调节,电源电压应比待测电阻的最大实际电压高,故电源应选输出电压为 24 V 的那种(其额定电流也远大于电路中的最大实际电流,故可用),故选 H。

关于变阻器的选择,从安全性上看,由于控制电路的电流最大只有 500 μA,都是安全的。但是全部电源电压加在变阻器上,若是把 0 ~ 50 Ω 的变阻器接入电路,通过它的最小电流(对应于待测电路断开)为 24/50 A,约为 0. 5 A,最小功率约为 0. 25 × 50 W = 12. 5 W,远大于其额定功率;而 0 ~ 2 kΩ 的变阻器接入电路,其最大电流约为并联电路总电流 0. 014 A,小于其额定电流 0. 20 A。故应选 0 ~ 2 kΩ 的变阻器选 K。

由于现有器材中有电流表和电压表,故初步确定用伏安法测定此电阻的阻值。又因待测电阻为一大电阻,其估计阻值比现有电压表的内阻大或相近,故应该采用电流表内接法。由于现有滑动变阻器最大阻值比待测电阻小得多,因此,若用滑动变阻器调节待测电阻的电流和电压,只能采用分压接法。

**【正确解答】** 首先对待测电阻的额定电压和电流作出估算,最大电流为

$$I = \sqrt{\frac{P}{R}} = 500 \ \mu A$$

故电流表选用 A。

最大电压为

$$U = \sqrt{PR} = 20 \ V$$

故电压表应选 D。

滑动变阻器应选 K。

综上所述,所需要的电路如图 10-5 所示。

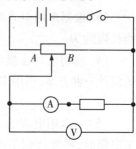

图 10-5

**【自我分析】** 在实施物理实验教学时,为了真正培养学生的探究能力和动手实践能力,初学者应该在教师的指导下真实地、有效地展开实验探究。但是,受到应试教育的影响,很多时候教师本身还持有传统的教学观念,只重视学生对理论知识的掌握,而没有对学生的实验探究能力以及科学思维进行培养,无法真正地拓展学生的物理实验思维。例如本题,虽然处理过程相对较为复杂,但只要按照"实验目的—选择方案—选择仪器—选择电路—选择控制电路"这样的思维顺序逐个突破,将复

杂的过程逐一分解,遵循前面所提出的各种选择方法,题目也就迎刃而解了,因此,基础知识是关键,复杂题目只是基础知识的合成。

▲**例3** 实验室新进了一批低电阻的电磁螺线管,已知螺线管使用的金属丝电阻率 $\rho = 1.7 \times 10^{-8}\ \Omega \cdot m$。课外活动小组的同学设计了一个试验来测算螺线管使用的金属丝长度。他们选择了多用电表、电流表、电压表、开关、滑动变阻器、螺旋测微器(千分尺)、导线和学生电源等。

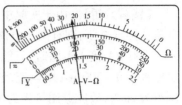

图 10-6

(1)他们使用多用电表粗测金属丝的电阻,操作过程分以下三个步骤:(请填写第②步操作)

①将红、黑表笔分别插入多用电表的"+""-"插孔;选择电阻挡"×1";

②_____;

③把红、黑表笔分别与螺线管金属丝的两端相接。

(2)根据多用电表示数,为了减少实验误差,并在实验中获得较大的电压调节范围,应从下面的 A、B、C、D 四个电路中选择_____电路来测量金属丝电阻;

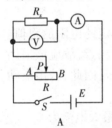 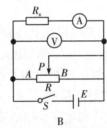 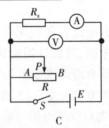 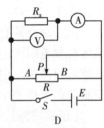

A          B          C          D

(3)根据多用电表测得的金属丝电阻值,可估算出绕制这个螺线管所用金属丝的长度约为_____m。(结果保留两位有效数字)

(4)他们正确连接电路,接通电源后,调节滑动变阻器,发现电流始终无示数。请设计一种方案,利用多用电表检查电路故障并写出判断依据。(只需写出简要步骤)

---

(5)一多用电表的电阻挡有三个倍率,分别是 ×1、×10、×100。用 ×10 挡测量某电阻时,操作步骤正确,发现表头指针偏转角度很小,为了较准确地进行测量,应换到_____挡。如果换挡后立即用表笔连接待测电阻进行读数,那么缺少的步骤是_____,若补上该步骤后测量,表盘的示数如图10-7,则该电阻的阻值是_____。

【**错解**】(1)进行机械(表头)调零或者将红黑表笔短接进行电阻调零

(2)D

(3)提示:根据 $R = \rho \dfrac{L}{S}$ 计算。

(4)用多用电表的欧姆挡逐段检测电路是否断路。

(5)×100　重新测量　22 Ω

【错解分析】　本题的核心知识点是多用电表的读数及其使用方法,如图 10-7 所示为多用电表的面盘,选择开关旋转至不同的位置,可以当电压表、电流表和欧姆表使用,所以要能够完成题目的求解,必须掌握关于多用电表的欧姆表的使用方法:

(1)使用前机械调零。指针是否指在刻度盘左端零刻线处,如不在进行机械调零。方法是用小螺丝刀轻旋表头正下方中央处的调零螺丝,使指针指左端零刻线。

(2)使用欧姆挡时,先选好倍率,再进行欧姆调零。方法是将红、黑表笔短接,调节欧姆调零旋钮,使指针指右端零刻线处。本题就要求我们填写这一步。

(3)操作步骤:①选倍率。例如估计值为 200 Ω,应选 ×10 的倍率,因为中央刻度大约 15 Ω。切记千万不要急于读数。②进行欧姆调零。③将红、黑表笔接被测电阻两端进行测量。④将指针示数乘以倍率,得测量值。⑤将选择开关扳到 OFF 或交流电压最高挡。

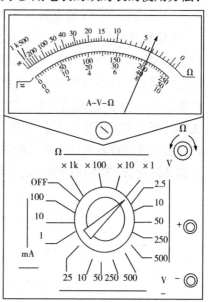

图 10-7

(4)使用多用电表时的注意事项:

①两只手只能握住表笔的绝缘棒部分,不能接触表笔上的金属部分,此时两手之间的人体电阻将与被测电路并联,改变了电路结构,主要是为了安全。

②使用多用电表测电阻时,还要将待测电阻从电路中断开。

③不论使用多用电表的哪个挡,电流总是从多用电表的正接线柱(红表笔)进入电表,而从负接线柱(黑表笔出流)。

④读数一般不估读,但要求通过改变倍率使指针指在中央刻度附近。

由于题中没有给出相关物理量的字母,写成公式指代不明确,故应该写成文字表述。由多用电表使用的注意事项知用欧姆挡测电阻,元件必须从电路中拆下来,不可带电测量。改变倍率后,一定要重新调零;最后的测量结果一定要乘上倍率。

【正确解答】　(1)将红、黑表笔短接,调整调零旋钮调零

(2)D(判断过程和方法参考例 1、例 2)

(3)12 m 或 13 m(根据电阻定律 $R = \rho \dfrac{L}{S}$ 进行定量计算)

（4）以下两种解答都正确：

①使用多用电表的电压挡位，接通电源，逐个测量各元件、导线上的电压，若电压等于电源电压，说明该元件或导线断路故障。

②使用多用电表的电阻挡位，断开电路或拆下元件、导线，逐个测量各元件、导线上的电阻，若电阻为无穷大，说明该元件或导线断路故障。

（5）×100；调零（或重新调零）；$2 \times 10^3$（或 2 k）（可以不估读）。

**【自我分析】** 近年来，学科素养成为全世界范围内的研究热点，其中一个要素就是培养学生的科学态度与责任感，要求学生能正确认识科学的本质，具有学习和研究物理的好奇心与求知欲。尽管课堂教学中常常有一些演示实验和探究性实验，教师的演示、讲解能帮助学生更扎实地掌握这些实验的现象和结论。但有时学生无法真正领会实验设计的本质，不能理解科学本质，至于激发学生学习和研究物理的好奇心与求知欲就更加无从谈起。这就需要我们在实验的学习中通过适当的对比、迁移和深化，让学生理解知识的本质，进而激发学生的好奇心和求知欲。

# 力学实验

## 主要错误归纳

1. 打点计时器测量小车加速度时:主要运用逐差法公式,即 $\Delta x = aT^2$。

2. 打点计时器测量小车匀变速直线运动的瞬时速度时,主要用公式 $v_{\text{中}} = \dfrac{v_0 + v}{2} = \dfrac{x}{t}$。

3. 验证力的平行四边形定则时:注意拉动弹簧测力计时应平行于纸面;两弹簧测力计夹角适当($70 \sim 110°$);两次拉动要拉到同一点,作图时点要小,线要细。

4. 探究胡克定律时:注意误差分析,竖直方向测量弹簧原长时,由于弹簧自重,会使弹簧原长的测量值偏大;消除此误差的方法是作出 $F - X$(形变量)图象,求斜率,就是 $K$。

5. 研究牛二定律时:实验前应将木板倾斜,平衡摩擦力;砝码质量要远小于小车质量;对于实验图象,必须认真分析试题中给出的图象两轴的物理意义,斜率的意义,判断方法一定是根据牛二定律和受力分析。若此部分实验结合或改动成测量动摩擦因数,那就把这个实验当成计算题,受力分析,求解动摩擦因数,最终表达式里面的物理量就是要测量的。

6. 研究平抛运动时:注意运动的独立性,该实验通常是在水平方向上表示出时间,再代入竖直方向上。竖直方向上常用的式子就是 $\Delta X = aT^2$,因为问题中给出的第一个点不一定是抛出点。

7. 验证机械能守恒定律时:需要验证的表达式一般情况为 $mgh = \dfrac{1}{2}mv^2$,要计算分析,物体质量 $m$ 是否需要测量,若计算中质量已经被约掉且试题中也没有给出质量,则无须测量质量;式子中速度 $v$ 是利用打点计时器测量的某一时刻的瞬时速度。

8. 探究动能定理时:一根橡皮筋所做的功无须测量,最终验证的是物体的动能之比是否等于橡皮筋条数之比;小车要在同一位置释放。

提示:力学实验大多数误差都来源于阻力或是摩擦力。

## 典型错题分析

(高中物理力学实验较多,这里仅举例分析)

▲例 1　某实验小组在"探究加速度与物体受力的关系"实验中,设计出如下的实验方案,其实验装置如图 10-8 所示。已知小车质量 $M = 214.6$ g,砝码盘质量 $m_0 = 7.8$ g,所使用的打点计时器交流电频率 $f = 50$ Hz。其实验步骤如下。

A. 按图中所示安装好实验装置；

B. 调节长木板的倾角, 轻推小车后, 使小车能沿长木板向下做匀速运动；

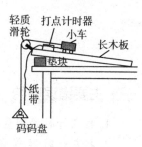

图 10-8

C. 取下细绳和砝码盘, 记下砝码盘中砝码的质量 $m$；

D. 将小车置于打点计时器旁, 先接通电源, 再放开小车, 打出一条纸带, 由纸带求得小车的加速度 $a$；

E. 重新挂上细绳和砝码盘, 改变砝码盘中砝码的质量, 重复 B~D 步骤, 求得小车在不同合外力 $F$ 作用下的加速度。

回答下列问题：

(1) 按上述方案做实验, 是否要求砝码和砝码盘的总质量远小于小车的质量？_____ (填"是"或"否")。

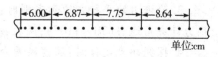

单位:cm

图 10-9

(2) 实验中打出的其中一条纸带如图 10-9 所示, 由该纸带可求得小车的加速度 $a =$ _____ $m/s^2$。

(3) 某同学将有关测量数据填入他所设计的表格中, 如下表：

| 次数 | 1 | 2 | 3 | 4 | 5 |
|------|---|---|---|---|---|
| 砝码盘中砝码的重力 $F/N$ | 0.10 | 0.20 | 0.29 | 0.39 | 0.49 |
| 小车的加速度 $a/(m \cdot s^{-2})$ | 0.88 | 1.44 | 1.84 | 2.38 | 2.89 |

他根据表中的数据画出 $a-F$ 图象, 如图 10-10 所示。造成图线不过坐标原点的一条最主要原因是_____, 从该图线延长线与横轴的交点可求出的物理量是_____, 其大小为_____。

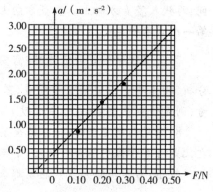

图 10-10

【错解】 (1) 否

(2) 0.9

(3) 实验中未平衡摩擦力 实验中小车受到的摩擦力 0.10 N

【错解分析】 本实验作为高中物理实验的重要实验之一, 原因有三:其一, 牛顿第二定律是牛顿力学的核心；其二, 该实验不但有思想, 而且有方法；其三, 该实验使用了力学实验中非常重要的计时仪器——打点计时器。而人教版物理必修(Ⅰ)教材对实验的安排, 初学者需要重点掌握以下几个方面的内容。

| 基本实验要求 | 规律方法总结 |
|---|---|
| 1. 实验原理(见实验原理图)<br>(1)保持质量不变,探究加速度跟合外力的关系。<br>(2)保持合外力不变,探究加速度与质量的关系。<br>(3)作出 $a-F$ 图象和 $a-\frac{1}{m}$ 图象,确定其关系。<br>2. 实验器材<br>小车、砝码、小盘、细绳、附有定滑轮的长木板、垫木、打点计时器、低压交流电源、导线两根、纸带、天平、米尺。<br>3. 实验步骤<br>(1)测量:用天平测量小盘和砝码的质量 $m'$ 和小车的质量 $m$。<br>(2)安装:按照如实验原理图所示装置把实验器材安装好,只是不把悬挂小盘的细绳系在小车上(即不给小车牵引力)<br>(3)平衡摩擦力:在长木板的不带定滑轮的一端下面垫上一块薄木块,使小车能匀速下滑。<br>(4)操作:①小盘通过细绳绕过滑轮系于小车上,先通电源后放开小车,取下纸带编号码。<br>②保持小车的质量 $m$ 不变,改变砝码和小盘的质量 $m'$,重复步骤①。<br>③在每条纸带上选取一段比较理想的部分,测加速度 $a$。<br>④描点作图,作 $a-F$ 的图象。<br>⑤保持砝码和小盘的质量 $m'$ 不变,改变小车质量 $m$,重复步骤①和③,作 $a-\frac{1}{m}$ 图象 | 1. 注意事项<br>(1)平衡摩擦力:适当垫高木板的右端,使小车的重力沿斜面方向的分力正好平衡小车和纸带受到的阻力。在平衡摩擦力时,不要把悬挂小盘的细绳系在小车上,让小车拉着打点的纸带匀速运动。<br>(2)不重复平衡摩擦力。<br>(3)实验条件:$m\gg m'$。<br>(4)"一先一后一按":改变拉力和小车质量后,每次开始时小车应尽量靠近打点计时器,并应先接通电源,后释放小车,且应在小车到达滑轮前按住小车。<br>2. 误差分析<br>(1)因实验原理不完善引起的误差:本实验用小盘和砝码的总重力 $m'g$ 代替小车的拉力,而实际上小车所受的拉力要小于小盘和砝码的总重力。<br>(2)摩擦力平衡不准确、质量测量不准确、计数点间距测量不准确、纸带和细绳不严格与木板平行都会引起误差。<br>3. 数据处理<br>(1)利用 $\Delta x=aT^2$ 及逐差法求 $a$。<br>(2)以 $a$ 为纵坐标,$F$ 为横坐标,根据各组数据描点,如果这些点在一条过原点的直线上,说明 $a$ 与 $F$ 成正比。<br>(3)以 $a$ 为纵坐标,$\frac{1}{m}$ 为横坐标,描点、连线,如果该线过原点,就能判定 $a$ 与 $m$ 成反比 |

其中包含达到物理实验思想的方法有:

(1)近似法:在探究加速度与力、质量的关系实验中,近似法是指绳对小车的拉力近似等于绳另一端连接的小盘和砝码的总重力,近似法要在小盘和砝码的总重力远小于小车的重力的情况下才能用。

（2）控制变量法:控制变量法是指分别研究加速度与力、加速度与质量的关系时用到的方法。在实验中的具体体现是,研究加速度与力的关系时,保持小车质量不变;研究加速度与质量的关系时,保持小盘和砝码的总重力不变。

（3）平衡摩擦力法:平衡摩擦力法是指通过调整斜面倾角,让小车重力沿斜面的分力与摩擦力抵消,使小车受到的合外力等于绳对小车的拉力,体现在实验中是让小车不挂小盘时能在斜面上匀速运动。

（4）化曲为直法:化曲为直法是指处理数据时,不作 $a-m$ 图象而作 $a-\dfrac{1}{m}$ 图象,反映在图象中就是把原来的曲线变成倾斜的直线。

但是,本例题在教材实验的基础上,实现了创新,主要是实验装置的创新,由教材中砝码拉小车变为小车拉砝码做匀加速直线运动,那么,实验的操作过程和实验的数据处理有什么不同呢?

（1）当小车匀速下滑时有: $mg\sin\theta = f + (m+m_0)g$。

当取下细绳和砝码盘后, $mg\sin\theta$ 和 $f$ 保持不变,因此小车受到的合力为 $(m+m_0)g$,由此可知,实验中不需要砝码盘和砝码的总质量远小于小车的质量。

（2）对加速度的求解:在实施物理实验的过程中,为了培养初学者的探究能力和动手能力,教师常常会给初学者提供机会让其扩展探究加速度的求解方法,而最终选择由逐差法求加速度,故有

$$a = \frac{(x_3+x_4)-(x_1+x_2)}{4T^2}$$

$$= \frac{(8.64+7.75)-(6.87+6.00)\times 10^{-2}\ \text{m}}{0.04\ \text{s}^2} = 0.88\ \text{m/s}^2$$

（3）由图象可知,当外力为零时,物体有加速度。这说明在计算小车的合外力时未计入砝码盘的重力,根据数学函数关系可知图象的延长线与横坐标轴的交点可求得砝码盘的重力,从而求得质量。

（4）当然,本实验还可以从以下几个方面进行创新:

①运动性质的判断:看相邻计数点间的距离特点。

②瞬时速度求解:采用平均速度法求某一点的瞬时速度。

③加速度的求解: $v-t$ 图象法;推论法, $\Delta x = NaT^2$ (其中 $N=1$、$2$、$3$、$\cdots$)。

**【正确解答】**（1）否

（2）0.88

（3）在计算小车所受的合外力时未计入砝码盘的重力　砝码盘的重力　0.08 N

【自我分析】 由于受传统教育理念的影响,部分初学者对物理实验的学习兴趣不是很浓厚,物理知识掌握不牢固,加之部分教师在实验教学过程中采取的教学方式较为传统,课堂教学缺乏活力,学生的主体地位难以充分发挥,无法真正参与到课堂学习中来,这对于物理高效课堂构建而言无疑是最大的制约因素。所以,必须要尽快促进高中物理实验教学改革,真正让学生参与其中,充分调动学生的探究积极性,让他们理解物理知识与实际生活的联系,从而借助于物理实验活动来让学生能够理解知识、应用知识并升华知识,最终实现核心素养的培育目标。如果对学生实验中的错误进行分析归类,无非有以下四类错误。

①做过实验与没有做过实验确实是有差别的。

②不懂基本实验仪器的使用和读数,不理解基本实验的操作。

③不能够在新情境下根据已有知识进行探究性实验的设计。

④不会对实验数据进行方法处理(比如列表法、图象法、归纳法等),不能够从获得的实验数据分析并归纳出实验结论。

▲例2 在探究功与物体速度变化的关系实验中,

(1)实验装置:如图 10-11 所示。配套器材:长木板,橡皮筋(若干),小车,打点计时器(带纸带、复写纸等)。

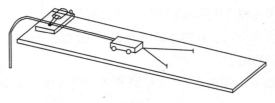

图 10-11

(2)实验思想方法:_____。历史上,库仑应用类似的方法发现了著名的库仑定律。当然,恒力做功时同样适用。

(3)实验操作的技巧:小车运动中会受到阻力,可以采用_____的方法进行补偿。

(4)纸带处理:观察打点的纸带上点间间隔是先增大,后减小,不均匀(不是匀加速),应采用小车_____来计算速度。

(5)数据处理方法:图象法。作出功–速度($W-v$)曲线,分析这条曲线,得出功与速度变化的定量关系。

【错解】 (2)累积法

(3)倾斜长木板

(4)最大速度

【错解分析】 本实验是"人教版物理必修（Ⅱ）第6节实验"的学生实验，《探究功与物体速度变化的关系》。

实验目的：为找出动能的表达式做准备。

实验思路：对动能的定性分析。猜想动能大小与速度有关，但有什么关系，实验并没有明确说明。动能的变化与做功有关，但有什么关系，实验也没有明示。

实验过程：通过实验，研究功与物体速度变化的关系，得知力对物体做的功与物体的速度的平方成正比，而力对物体做的功又引起物体的动能的增加，这就暗示我们，物体动能的表达式中可能包含物体的速度的平方（因为教材中此时还不能得出 $E_k$ 的表达式），这就为实验探究提供了广阔的天地。

实验思想：实验探究是提出物理问题，形成猜想和假设，获取和处理信息，基于证据得出结论并做出解释，以及对实验探究过程和结果进行交流、评估、反思的能力。"实验探究"主要包括问题、证据、解释、交流等要素。

所以本实验可以说是探究性实验的一个典型，这不仅仅是因为对实验得到的数据进行探究分析，而且实验在设计思想，步骤操作上提出了很多值得初学者进行科学探究的地方。

(1)倍增法在学科素养的培养中就属于科学思想方法中的"放大"思想，历史上卡文迪许、库伦运用这种思想完成了科学事实的伟大壮举。

(2)平衡摩擦力在学科素养的培养中就属于"消除不利因素"对实验的影响，既有传统成分，又有创新因子。

(3)做匀速运动那一段的点距，在学科素养的培养中属于对"运动观念"的再认识。

【正确解答】 (2)倍增法。在学科素养的培养中就属于科学思想方法中的"放大"思想，历史上卡文迪许、库伦运用这种思想完成了科学事实的伟大壮举。

(3)平衡摩擦力。在学科素养的培养中就属于"消除不利因素"对实验的影响，既有传统成分，又有创新因子。

(4)做匀速运动那一段的点距。在学科素养的培养中属于对"运动观念"的再认识。

【自我分析】 伴随课程改革的推进与教育理念的转化，培养学生核心素养开始成为高中物理实验教学的重要目标。从过去的物理实验教学情况我们可以了解到，部分高中生的探究能力和创新思维能力不强，甚至有点儿差，对物理实验缺乏兴趣，做起实验来笨手笨脚，甚至操作严重不规范，要真正完成一个测量性的实验都很难，更谈不上创新，这就要求学生在学习物理实验的过程中掌握相应的策略。

①立足于物理实验课堂。积极参与,切身实践,确保基本仪器的正确使用和对基本原理的理解。

②关心热爱生活,尽可能让物理实验生活化。比如,在组织开展使用螺旋测微器与游标卡尺进行长度测量的实验时,学生可以利用自己掌握的知识和手中的测量工具来对生活中常见的物品进行测量,可以给学生提供矿泉水瓶盖、杯子、钢笔笔盖等文具的测量,家里的餐具、玩具都可以成为测量点对象,既巩固课堂内容,又能体会仪器的精密度对测量产生的影响。

③建立兴趣小组,团队合作,制作"小制作""小发明"。在高中物理实验教学过程中,学生实验不能拘泥于课本,而应当在新课标的引导下,着重培养和提升学生的创新思维能力,确保实验教学的有效性。在学习中可以积极开展小组合作学习,利用这一学习模式来让学生合作探究,促进其创新思维的形成,也能够保证所有学生都获得进步与成长。现行许多高校还专门设置了相关专业,为这些爱好者提供了广阔的天地。

## 【试一试】

1.【2015 **海南单科** 11】某同学利用游标卡尺和螺旋测微器分别测量一圆柱体工件的直径和高度,测量结果如图(a)和(b)所示。该工件的直径为_____cm,高度为_____mm。

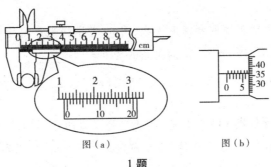

图(a)          图(b)

1 题

2.【2017 **新课标Ⅱ卷** 9】某同学研究在固定斜面上运动物体的平均速度、瞬时速度和加速度之间的关系。使用的器材有:斜面、滑块、长度不同的矩形挡光片、光电计时器。

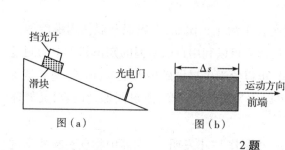

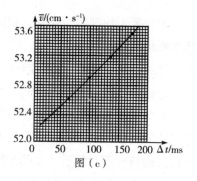

图（a）　　图（b）　　图（c）

2 题

实验步骤如下：

①如图（a），将光电门固定在斜面下端附近；将一挡光片安装在滑块上，记下挡光片前端相对于斜面的位置，令滑块从斜面上方由静止开始下滑；

②当滑块上的挡光片经过光电门时，用光电计时器测得光线被挡光片遮住的时间 $\Delta t$；

③用 $\Delta s$ 表示挡光片沿运动方向的长度，如图（b）所示，$\overline{v}$ 表示滑块在挡光片遮住光线的 $\Delta t$ 时间内的平均速度大小，求出 $\overline{v}$；

④将另一挡光片换到滑块上，使滑块上的挡光片前端与①中的位置相同，令滑块由静止开始下滑，重复步骤②③；

⑤多次重复步骤④；

⑥利用实验中得到的数据作出 $\overline{v}$-$\Delta t$ 图，如图（c）所示。

完成下列填空：

（1）用 $a$ 表示滑块下滑的加速度大小，用 $v_A$ 表示挡光片前端到达光电门时滑块的瞬时速度大小，则 $\overline{v}$ 与 $v_A$、$a$ 和 $\Delta t$ 的关系式为 $\overline{v}=$ _____。

（2）由图（c）可求得，$v_A=$ _____ cm/s，$a=$ _____ cm/s$^2$。（结果保留 3 位有效数字）

3.【2017 新课标Ⅲ卷17】某探究小组做"验证力的平行四边形定则"实验，将画有坐标轴（横轴为 $x$ 轴，纵轴为 $y$ 轴，最小刻度表示 1 mm）的纸贴在水平桌面上，如图（a）所示。将橡皮筋的一端 $Q$ 固定在 $y$ 轴上的 $B$ 点（位于图示部分之外），另一端 $P$ 位于 $y$ 轴上的 $A$ 点时，橡皮筋处于原长状态。

（1）用一只测力计将橡皮筋的 $P$ 端沿 $y$ 轴从 $A$ 点拉至坐标原点 $O$，此时拉力 $F$ 的大小可由测力计读出。测力计的示数如图（b）所示，$F$ 的大小为 _____ N。

（2）撤去（1）中的拉力，橡皮筋 $P$ 端回到 $A$ 点；现使用两个测力计同时拉橡皮筋，再次将 $P$ 端拉至 $O$ 点。此时观察到两个拉力分别沿图（a）中两条虚线所示的方向,由测力计的示数读出两个拉力的大小分别为 $F_1 = 4.2$ N 和 $F_2 = 5.6$ N。

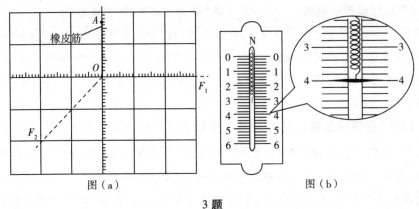

图(a)      图(b)

3 题

(Ⅰ)用 5 mm 长度的线段表示 1 N 的力,以 $O$ 为作用点,在图(a)中画出力 $F_1$、$F_2$ 的图示,然后按平行四边形定则画出它们的合力 $F_合$;

(Ⅱ)$F_合$ 的大小为_____ N,$F_合$ 与拉力 $F$ 的夹角的正切值为_____。

若 $F_合$ 与拉力 $F$ 的大小及方向的偏差均在实验所允许的误差范围之内,则该实验验证了力的平行四边形定则。

4.【2017 新课标Ⅰ卷】某同学研究小灯泡的伏安特性,所使用的器材有:小灯泡 $L$(额定电压 3.8 V,额定电流 0.32 A);电压表 $V$(量程 3 V,内阻 3 kΩ);电流表 $A$(量程 0.5 A,内阻 0.5 Ω);固定电阻 $R_0$(阻值 1 000 Ω);滑动变阻器 $R$(阻值 0~9.0 Ω);电源 $E$(电动势 5 V,内阻不计);开关 $S$;导线若干。

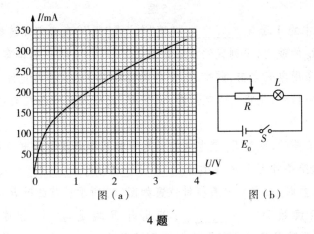

图(a)      图(b)

4 题

(1)实验要求能够实现在 0~3.8 V 的范围内对小灯泡的电压进行测量,画出实验电路原理图。

(2)实验测得该小灯泡伏安特性曲线如图(a)所示。

由实验曲线可知,随着电流的增加小灯泡的电阻_____(填"增大""不变"或"减小"),灯丝的电阻率_____(填"增大""不变"或"减小")。

(3)用另一电源 $E_0$(电动势4 V,内阻1.00 Ω)和题给器材连接成图(b)所示的电路,调节滑动变阻器 R 的阻值,可以改变小灯泡的实际功率。闭合开关 S,在 R 的变化范围内,小灯泡的最小功率为_____W,最大功率为_____W。(结果均保留2位小数)

5.【2017 新课标Ⅲ卷】图(a)为某同学组装完成的简易多用电表的电路图。图中 E 是电池; $R_1$、$R_2$、$R_3$、$R_4$ 和 $R_5$ 是固定电阻,$R_6$ 是可变电阻;表头 Ⓖ 的满偏电流为 250 μA,内阻为480 Ω。虚线方框内为换挡开关,A 端和 B 端分别与两表笔相连。该多用电表有5个挡位,5个挡位为:直流电压1 V 挡和5 V 挡,直流电流1 mA 挡和2.5 mA 挡,欧姆×100 Ω 挡。

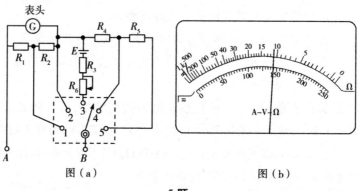

图(a)                    图(b)

5题

(1)图(a)中的 A 端与_____(填"红"或"黑")色表笔相连接。

(2)关于 $R_6$ 的使用,下列说法正确的是_____(填正确答案标号)。

A.在使用多用电表之前,调整 $R_6$ 使电表指针指在表盘左端电流"0"位置

B.使用欧姆挡时,先将两表笔短接,调整 $R_6$ 使电表指针指在表盘右端电阻"0"位置

C.使用电流挡时,调整 $R_6$ 使电表指针尽可能指在表盘右端电流最大位置

(3)根据题给条件可得 $R_1 + R_2 =$_____Ω,$R_4 =$_____Ω。

(4)某次测量时,该多用电表指针位置如图(b)所示。若此时 B 端是与"1"相连的,则多用电表读数为_____;若此时 B 端是与"3"相连的,则读数为_____;若此时 B 端是与"5"相连的,则读数为_____。(结果均保留2位有效数字)

6.【2018 新课 I 卷23】某实验小组利用如图(a)所示的电路探究在 25 ~ 80 ℃ 范围内某热敏电阻的温度特性,所用器材有:置于温控室(图中虚线区域)中的热敏电阻 $R_T$,其标称值(25 ℃时的阻值)为 900.0 Ω;电源 E(6 V,内阻可忽略);电压表 V (量程 150 mV);定值电阻 $R_0$(阻值20.0 Ω);滑动变阻器 $R_1$(最大阻值为 1 000 Ω);电阻箱 $R_2$(阻值范围 0 ~ 999.9 Ω);单刀开关 $S_1$;单刀双掷开关 $S_2$。

实验时,先按图(a)连接好电路,再将温控室的温度 t 升至 80.0 ℃,将 $S_2$ 与 1 端接通,闭合 $S_1$,调节 $R_1$ 的滑片位置,使电压表读数为某一值 $U_0$;保持 $R_1$ 的滑片位置不变,将 $R_2$ 置于最大值,将 $S_2$ 与 2 端接通,调节 $R_2$,使电压表读数仍为 $U_0$;断开 $S_1$,记下此时 $R_2$ 的读数,逐步降低温控室的温度 t,得到相应温度下 $R_2$ 的阻值,直至温度降到 25.0 ℃,实验得到的 $R_2 - t$ 数据见下表。

| $t/℃$ | 25.0 | 30.0 | 40.0 | 50.0 | 60.0 | 70.0 | 80.0 |
|---|---|---|---|---|---|---|---|
| $R_2/Ω$ | 900.0 | 680.0 | 500.0 | 390.0 | 320.0 | 270.0 | 240.0 |

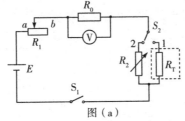

图(a)

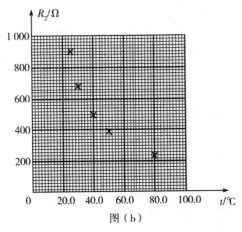

图(b)

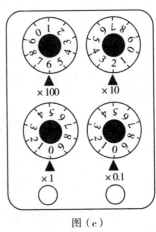

图(c)

6题

回答下列问题:

(1)在闭合 $S_1$ 前,图(a)中 $R_1$ 的滑片应移动到_____(填"a"或"b")端。

(2)在图(b)的坐标纸上补齐数据表中所给数据点,并做出 $R_2$。

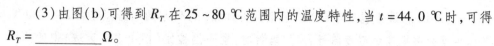

(3)由图(b)可得到 $R_T$ 在 25~80 ℃ 范围内的温度特性,当 $t=44.0$ ℃ 时,可得 $R_T=$ _____ Ω。

(4)将 $R_T$ 握于手心,手心温度下 $R_2$ 的相应读数如图(c)所示,该读数为 _____ Ω,则手心温度为 _____ ℃。

7.【2018 新课 II 卷 22】某同学组装一个多用电表。可选用的器材有:微安表头(量程 100 μA,内阻 900 Ω);电阻箱 $R_1$(阻值范围 0~999.9 Ω);电阻箱 $R_2$(阻值范围 0~99 999.9 Ω);导线若干。

要求利用所给器材先组装一个量程为 1 mA 的直流电流表,在此基础上再将它改装成量程为 3 V 的直流电压表。组装好的多用电表有电流 1 mA 和电压 3 V 两挡。

回答下列问题:

(1)在虚线框内画出电路图并标出 $R_1$ 和 $R_2$,其中 * 为公共接线柱,$a$ 和 $b$ 分别是电流挡和电压挡的接线柱。

(2)电阻箱的阻值应取 $R_1=$ _____ Ω,$R_2=$ _____ Ω。(保留到个位)

7 题

【你犯错了吗】

1.1.220　6.861

2.(1)$V_A+\frac{1}{2}a\Delta t$

(2)52.1　16.3(15.8~16.8)

3.(1)4.0

(2)(Ⅰ)$F_合$ 与 $F$ 的夹角的正切值为 0.05

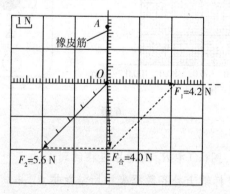

（Ⅱ）4.0　0.05

4.（1）实验原理图如图所示

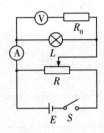

（2）增大　增大

（3）0.39　1.17

解析：当滑动变阻器的阻值为 9 Ω 时，电路电流最小，灯泡实际功率最小，此时

$E = U + I(r + R)$ 得 $U = -10I + 4$，在图中作出该直线如左图所示，交点坐标约为 $U =$

1.75 V，$I = 225$ mA，$P_1 = UI = 0.39$ W；整理得 $I = -\dfrac{1}{R+r}U + \dfrac{E}{R+r}$。

当直线的斜率最大时，与灯泡的 $I - U$ 曲线的交点坐标最大，即灯泡消耗的功率

最大。当滑动变阻器电阻值 $R = 0$ 时，灯泡消耗的功率最大，此时交点坐标为 $U =$

3.67 V，$I = 0.32$ A，如下图所示，最大的功率 $P_2 = UI = 1.17$ W。

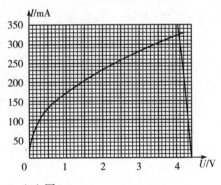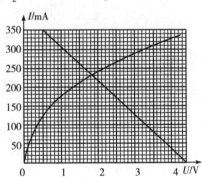

5.（1）黑

（2）B

（3）160　880

（4）1.47 mA　$1.10 \times 10^3$ Ω　2.95 V

6. (1) $b$

(2) 如图所示

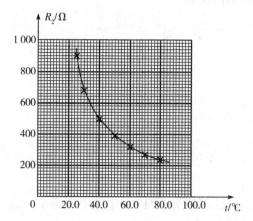

(3) 450

(4) 620.0    33.0

7. (1) 如图所示

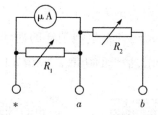

(2) 100    2 910

# 后语

　　由于编者水平有限，书中有错误和不妥之处在所难免，望广大读者谅解，并提出您的宝贵意见或者建议。同时，编写过程中由于采编了大量的例题和练习题及其解题过程，如果与其他文献有冲突，还望海涵，虽然大多是旧题，但都很典型，如果仔细研究仍然不失为好题。

# 参考文献

1. 北京天利考试信息网.常考易错典型试题2:高考错题本·物理[M].拉萨:西藏人民出版社,2006.

2. 支从兵.高中物理习题教学中创新思维能力培养策略研究[D].贵阳:贵州师范大学,2008.

3. 张英豪.磁场易错题赏析[J].试题与研究,2015(31).

4. 王广超.动量守恒定律常见错解分析[J].中学生数理化:学研版,2013(4).

5. 张双成.磁场中典型问题例析[J].新高考:高一物理,2014(6).

6. 杨剑春.重点大学之路 高中物理 第二册(上册)[M].北京:西苑出版社,2004.